国家区域性中心城市　世界文化旅游名城　数字经济　长江大保护典范城市　世界级宜昌　枢纽经济　枢纽　核心枢纽城市　屈原文化

宜昌智库

宜昌市社会科学界联合会
湖北省社会科学院宜昌分院 编

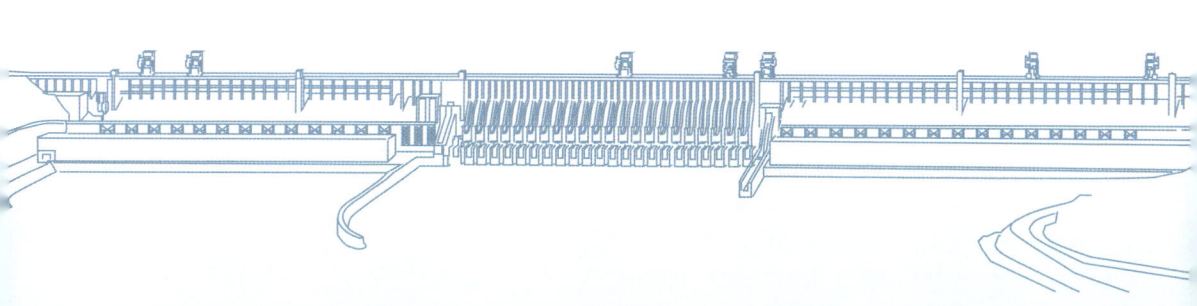

2023

长江出版社

图书在版编目（CIP）数据

宜昌智库 . 2023 / 宜昌市社会科学界联合会，
湖北省社会科学院宜昌分院编 . —武汉：长江出版社，2023.10
ISBN 978-7-5492-9143-4

Ⅰ . ①宜… Ⅱ . ①宜… ②湖… Ⅲ . ①社会科学－文集 Ⅳ . ① C53

中国国家版本馆 CIP 数据核字（2023）第 199402 号

宜昌智库 . 2023
YICHANGZHIKU.2023
宜昌市社会科学界联合会 湖北省社会科学院宜昌分院 编

责任编辑：	冯曼曼
装帧设计：	刘斯佳
出版发行：	长江出版社
地　　址：	武汉市江岸区解放大道 1863 号
邮　　编：	430010
网　　址：	http://www.cjpress.com.cn
电　　话：	027-82926557（总编室）
	027-82926806（市场营销部）
经　　销：	各地新华书店
印　　刷：	武汉新鸿业印务有限公司
规　　格：	787mm×1092mm
开　　本：	16
印　　张：	10.5
字　　数：	175 千字
版　　次：	2023 年 10 月第 1 版
印　　次：	2023 年 12 月第 1 次
书　　号：	ISBN 978-7-5492-9143-4
定　　价：	48.00 元

（版权所有　翻版必究　印装有误　负责调换）

PREFACE 序

党的十八大以来，以习近平同志为核心的党中央高度重视哲学社会科学，坚持把马克思主义基本原理同中国具体实际相结合、同中华优秀传统文化相结合，立足中华民族伟大复兴战略全局和世界百年未有之大变局，不断推进马克思主义中国化时代化，中国哲学社会科学持续向好向上发展，呈现出蓬勃发展的生命力。

2016年5月，习近平总书记在全国哲学社会科学工作座谈会上强调指出"坚持和发展中国特色社会主义，需要不断在实践和理论上进行探索、用发展着的理论指导发展着的实践。在这个过程中，哲学社会科学具有不可替代的重要地位，哲学社会科学工作者具有不可替代的重要作用。""各级党委和政府要发挥哲学社会科学在治国理政中的重要作用。""智库建设要把重点放在提高研究质量、推动内容创新上。要加强决策部门同智库的信息共享和互动交流，把党政部门政策研究同智库对策研究紧密结合起来，引导和推动智库建设健康发展、更好发挥作用。"这些重要论述为新时代社科工作明确了新方向、注入了新动力、提出了新要求。

中国社会科学院是马克思主义的理论阵地、为党中央和国家决策服务的思想库、中国哲学社会科学研究的最高学术机构和综合研究中心。近年来，中国社会科学院始终坚持"为人民做学问"的宗旨，充分发挥学科优势、人才优势、资源优势，与地方社会科学院在学术交流、决策咨询、人才培养等方面开展合作交流，指导开展重大课题研究，帮助其当好"思想库""智囊团"。地方社会科学院作为我国哲学社会科学的一支生力军，在研究阐释党的创新理论、服务地方党委政府决策和弘扬传承地方特色文化等方面具有不可替代的作用，是中国特色新型智库的重要组成部分，其影响力和贡献度愈加彰显。

宜昌，位于长江经济带核心节点，是习近平总书记考察长江、视察湖北的首站之地、立规之地，承载着习近平总书记的亲切关怀和殷殷嘱托。宜昌市委提出推动城市和产业集中高质量发展，加快建设长江大保护典范城市、打造世界级宜昌的战略目标，这一发展蓝图亟需前瞻性、针对性、储备性政策研究，广泛吸纳专业化、建设性、务实管用的对策建议。

2023年，宜昌市社科联（湖北省社会科学院宜昌分院）充分发挥桥梁纽带作用，不断激发创新活力，紧紧围绕"国之大者、省之大计、市之大事"，聚焦宜昌重大理论和实践问题，积极组织市内外社科专家开展调查研究，推出系列优秀成果，并从中筛选20余项，结集为《宜昌智库2023》一书出版发行。该书从"生态文明建设示范区""高能级综合交通枢纽""世界文化旅游名城""绿色低碳城市"及"现代产业体系"等重点领域汇聚一批有针对性、操作性强的思路和策略，对宜昌高质量发展实践具有重要参考价值。

期待更多地方社会科学院挖掘自身资源优势，持续提高服务决策水平，创新服务决策方式，百花齐放、硕果累累！

中国社会科学院哲学研究所党委书记 王立胜

2023年12月1日

目录

打造更高水平的国家生态文明建设示范区

解码脐橙产业链建设的"秭归模式"
宜昌市人民政府研究室 秭归县人民政府办公室（2）

如何推动农民进城？
——关于推进宜昌县域城镇化需要应对的问题及建议
宜昌市政协课题组（7）

以流域综合治理助力长江大保护典范城市创建
——以夷陵区黄柏河流域为例　　张　琴　许婷婷　张　鲆（12）

宜昌推进以县城为重要载体的新型城镇化建设研究
苏发金　赵景祥　陈婷婷　杨海晶　赵　微（20）

兴山实现"双碳"目标的挑战与对策　　陈光福　张小华　万雅莉（26）

打造内畅外联的高能级综合交通枢纽

借势水运新通道　打造世界级宜昌
湖北省社科联　宜昌市社科联联合课题组（34）

抢抓战略机遇　放大枢纽优势　　　　宜昌市发展和改革委员会（41）

宜昌抢抓三峡水运新通道机遇　打造全国性综合交通枢纽　谢五洲（47）

打造具有独特魅力的世界文化旅游名城

讲好世界级故事打造世界级宜昌的路径探析　中共宜昌市委党校课题组（54）

建好用好宜昌城市滨江　推动长江大保护典范成果的价值转化
阚如良　刘子瑜（61）

空间生产视角下屈原文化赋能宜昌城市品牌塑造与传播研究
王琳霞　伍　丹　刘　勤　刘伟华　李孝配（67）

目 录

文旅融合 一体推进三峡水上旅游高质量发展
　　　　　　　　　梁　锴　刘海鹰　陈　华　韩　越　谭之亮（74）

打造人城景业融合共生的绿色低碳城市

突破性解决宜昌人口问题对策建议
　　　　　　"促进人口长期均衡发展 打造区域性活力中心"课题组（81）
宜昌市社区负担调查与减负赋能路径研究报告
　　　　　　　　　皮祖武　张允裕　杨文野　杨　森　刘　磊（88）
宜昌与长江沿线及中西部同等城市对比分析报告
　　　　　　　　　宜昌市委政研室（改革办、财经办）调研组（95）
关于全市住宅小区物业管理情况的调研报告
　　　　　　　　　宜昌市人大城乡建设与环境资源保护委员会（105）
宜昌建设青年发展型城市的规划思考
　　　　　　　　　王　琴　董朝霞　姚安立　李园园　李　静（111）

打造高端化智能化绿色化的现代产业体系

优化提升宜昌物流营商环境
　　　　　　　　　任小军　江　华　毛劲松　杨丽霞　朱宛玉（120）
宜昌打造全国数字经济发展高地的路径研究　　　　柳作林　谢　潮（127）
关于宜昌转变政府职能优化营商环境的建议
　　　　　　　　　　　　游昭妮　陈　垚　李方芳　邹菲雅（134）
宜昌优化政府采购营商环境探析　　　　　　　　　　宜昌市财政局（138）

他山之石

加快发展陆港枢纽经济 打造物流发展高地　　　　　　　　汪　鸣（145）
沉浸式文旅发展的方向和未来　　　　　　　　　　　　　　曾博伟（152）
促进数字经济和实体经济深度融合　　　　　　　　　　　　黄茂兴（156）

打造更高水平的国家
生态文明建设示范区

解码脐橙产业链建设的"秭归模式"

宜昌市人民政府研究室 秭归县人民政府办公室

秭归是闻名中外的"中国脐橙之乡",柑橘种植面积达40万亩,产量突破100万吨,综合产值近200亿元。近年来,该县坚持"该干什么的地方干什么"的理念,把脐橙产业链建设作为乡村振兴、强县工程的重中之重,奋力打造具有世界级影响力的"四季鲜橙"产区,造就柑橘产值亿元村13个、5000万元村27个,伦晚脐橙"盒马村"、央企联合会"央联直采基地"相继落户。

一、主要做法

（一）坚持领导挂帅,做实要素保障

一是高规格组建专班。成立柑橘产业链工作推进领导小组和工作专班,坚持"一名县级领导挂帅、一个牵头部门领衔、一个工作方案、一套支持政策",建立"工作推进、协同服务、决策咨询、议事协调"四大体系,形成"按月调度、双月碰头、季度通报"督导机制。二是高定位谋划发展。实施"品质提升三年攻坚行动",制定发布秭归脐橙优质果品量化指标,大力建设秭归电商、物流数据平台,推进标准化生产、产业化经营、品牌化运作、融合化发展。三是高要求配套政策。制定《秭归县重点农业产业链工作方案》《秭归县金融支持柑橘全产业链发展十五条措施》等配套政策,每年争取各类项目并统筹安排不低于3000万元的财政专项资金向柑橘产业倾斜。联合建行、农行等金融机构,出台柑橘经销贷、善营贷等惠农金融政策,成功授信贷款主体58家4989万元。2022年拨付新型经营主体贷款贴息186.04万元。

（二）坚持链式思维,做强产业集群

一是扶优主体。精心组织实施国家、省、市农业市场主体试点项目,培育县级以上农业龙头企业36家、农民专业合作社809家、家庭农场913家、农业社会化服务组织343家。二是育强龙头。印发农业产业化重点龙头企业认定和监测管理办法，坚持"一企一策"，支持龙头企业加快创新。屈姑集团成为国家级农业产业化重点龙头企业，开发脐橙酒、脐橙醋系列产品100多种，实现"从花到果、从皮到渣"的零废弃综合利用，产品远销美国、俄罗斯等140多个国家和地区。多美橙建成年精选能力50000吨的秭归脐橙采后数字化分选供应链基地，成为阿里巴巴数字农业SCM认证挂牌企业和央联食品保障协会供应单位。三是精招项目。围绕构建产业链上下游的重要环节，精准招引产业链引擎性项目，先后引进辰颐物语、三峡辰龙果蔬等10家优质企业落户落地。投资1.1亿元实施秭归县柑橘良种繁育中心提档升级、1.5亿元打造秭归脐橙（江南）产业园区等15个重点产业项目。

（三）坚持以质论价，做优品质品牌

一是科技引领调品种。深化与高校科研院所合作，成立邓秀新院士团队秭归工作站，倾力构建脐橙"芯片库"，建成三峡库区最大的柑橘良种种质资源库。引育伦晚、红肉、棕橙等特色新品种30多个，完成2万多亩品改任务，将脐橙早、中、晚熟比例调整为20%、40%、40%，形成了一年四季鲜橙上市的优势。二是严格标准保品质。实施品质提升"1+N"行动，推动秭归脐橙从"卖产品"向"卖标准"转变。成立县柑橘协会，持续开展品牌宣传和管理维护。推广配方施肥、水肥一体化、绿色防控等生态种植技术，建立质量可追溯系统，实行出口脐橙GAP标准化管理。推进精选分级标准化，培育加工企业71家，其中数字化13家，年处理鲜果能力超50万吨，支持38家市场主体建设冷库。推进包装销售标准化，统一规范秭归脐橙公用品牌和企业品牌标识，制定官方建议统一零售价。全县柑橘类产品全部认定为无公害农产品，先后被评为"全国无公害食品生产基地示范先进县""全国绿色食品原料（柑橘）标准化生产基地""国家农业标准化示范区"。三是讲好故事创品牌。持续打造秭归脐橙区域公用品牌，品牌价值达60.18亿元，先后获得中国驰名商标、国家农产品地理标志产品等10多项国字号荣誉，是唯一一个品牌强度连续五年跻身前10名的果品区域公用品牌。高质量举办屈原故里端午文化节、国际国内龙舟赛事等活动，秭归脐橙"携手"屈原文化走进央视《典籍里的中国》《开讲啦》，上榜央视新闻频道广告，亮相央视《碧水长歌颂端阳》端午晚会；"牵手"东航机长，进入盒马鲜生、百果园等销售渠道。发展出口备案企业12家，培育跨境电商17家，年均出口鲜果2万多吨，全球市场品牌影响力和文化传播力持续提升。

（四）坚持融合发展，做大多元业态

一是推动生产智慧化。积极探索推广山区机械化作业，全县果园单轨运输机达700余套，植保无人机30余台，发展专业采果队350家，代购代收组织200余家。建设三峡柑橘产业大脑，构建"柑橘种植一张图、包装加工一条线、全球销售一张网"产供销全链数字模式，持续推进新华·宜昌秭归脐橙电商价格指数发布，扩大秭归脐橙影响力和定价权。二是推动果园景区化。开发乡村脐橙园风光游，将果园建成花园、公园、景区，打造郭家坝镇烟灯堡村等12个农文旅融合基地，屈原故里秭归脐橙乡村游线路入选农业农村部150条精品旅游线路。三是推动销售网络化。对接阿里巴巴、抖音等平台，引进农夫山泉、大北农等渠道商，全县电商企业达2600余家，网店8100余家，从业人员60000余人，年销售额超30亿元，问鼎全国县级线上销售第一。连续两次荣膺国家电子商务进农村综合示范县，"快递+秭归脐橙"两次获评全国快递服务农业金牌项目。

二、经验启示

一是立足特色，苦练"独门秘籍"。乡村振兴，产业兴旺是基础。近几年，秭归县脐橙产业高质量发展走上"快车道"，关键在于秉持"把小品种发展成大产业"，强化政策引领、创新推进机制、完善要素保障、营造发展环境。农业产业化发展要做好"土特产"文章，围绕"一村一品""一乡一业""一县一特"，选准"水土相服"的产业，提升产业链条、促进集群发展，形成区域优势、地方特色。

二是依托科技，打造"拳头产品"。农业现代化，科技是根本性决定性力量。秭归县始终把科技创新与推广应用摆在首位，绑定章文才、邓秀新等柑橘科学家，挖掘、创制、保护优异种质资源，形成"春有伦晚，夏有夏橙，秋有九月红，冬有纽荷尔"的四季鲜橙产业格局。要紧盯前沿，坚持科技驱动创新，大力推广新品种、新技术、新工艺、新装备等农业科技成果。

三是内引外联，激发"链式反应"。农业全产业链是乡村产业发展的"升级版"。秭归县积极推广"脐橙+"加工、文旅、康养等融合发展模式，推动产业全链条升级。要坚持工业化理念、市场化思维，贯通产加销、融合农文旅，发挥"乘数效应"，持续强龙头、补链条、兴业态，形成"农业+"发展模式。

四是品牌引领，凸显"优质优价"。品牌品质是农产品的核心竞争力。秭归县构建"区域公用品牌+企业品牌+产品品牌"的品牌体系，以严标准保障高品质，品牌附加值显著提升，如：伦晚市场均价达10元/千克，精品果在大型商超售价高达15元/个。要充分发挥品牌的溢价赋能功能，促进品种、品质、品牌优化提升，使农业产业链韧性增强、效能提高、价值提升。

三、有关建议

当前全市正深入推进八大农业产业链建设，全域全面推进乡村振兴，只有坚持抓特色、延链条、树品牌、增动能多维发力，才能走出一条具有宜昌特色的产业振兴路子。

（一）健全要素保障机制

水到则渠成，链通则业兴。建议锚定八大产业链，健全双月调度机制，通过晒成绩、找差距、明思路，合力打通堵点、接通断点、治愈痛点。加大政策倾斜力度，完善资金、人才、金融、土地等要素支撑，奋力推进各产业链快速、高效发展。

（二）加快产品研发创新

推广"育繁推"一体化发展模式，利用高等院校、科研院所、企业的技术力量,攻关农业"芯片"。加快宜昌农业科创中心建设,组建科技特派员创新创业共同体,研究推广新品种、新技术,加强新农人培训。根据市场变化,以链主企业为牵引,积极开展新产品研发投资,在产品上追求"错峰头",在品质上追求"独一份"。

(三)加大"链式"招商力度

瞄准上下游,引进一批契合度高、技术先进、带动效应明显的精深加工及上下游企业,提升全产业链发展水平。对牛、羊、渔等养殖业,要抢抓预制菜风口,及时切入新赛道。

(四)建立品牌管理体系

实行标准化管理,完善品牌营销网,形成区域品牌辐射带动、企业品牌和产品品牌竞相绽放的良好局面。讲好公用品牌故事,全面对接京东、美团等主流电商平台,让品牌形象直抵心间、指尖、舌尖。

(五)促进数字化转型升级

探索建设全产业链大数据中心,推动种植基地、农资供应商、渠道商等接入,实现产业政策信息、供销信息交互。支持有条件的企业进行全链条数字化改造,促进产业链提档升级。

(执笔人:曾锐、姜磊、王功建)

点 评

文章从立足特色、依托科技、内引外联、品牌引领四个方面总结了秭归脐橙产业链建设的成功经验,并从抓特色、延链条、树品牌、增动能等角度提出相关意见,为宜昌产业振兴提出建议,对于宜昌深入推进八大农业产业链建设,全域全面推进乡村振兴具有重要参考价值。

如何推动农民进城？

——关于推进宜昌县域城镇化需要应对的问题及建议

宜昌市政协课题组

为增强县城综合承载能力，提升县城发展质量，更好满足农民到县城就业安家需求和县城居民生产生活需要，为实施扩大内需战略、协同推进新型城镇化和乡村振兴提供有力支撑，国家提出推进以县城为重要载体的城镇化建设。以县城为重要载体的城镇化核心体现在农民要进县城以及县城要能满足农民的需要。为解决这个县域城镇化的核心问题，本课题组通过对宜昌部分县城及乡镇的调研，梳理出宜昌县域城镇化进程中面临的问题并提出相应的对策建议。

一、推进宜昌县域城镇化面临的"人地矛盾"

（一）县域人口持续流出，城市人口不断集中

推进县域城镇化意味着县域农村人口向城镇转移，县域尤其是城关镇的人口要不断增多，农村人口不断减少。2022年末宜昌市常住人口392万人，常住人口城镇化率64.47%，户籍人口为386.54万人，人口自然增长率为-2.4‰。由于宜昌处于城市化发展加速时期，人口向中心城市集中趋势明显，县域地区人口不断呈现流出状态，见表1。

表1　　　　2022年宜昌市及各县域人口比较　　　　（单位：万人）

	宜昌市	宜都	枝江	当阳	远安	兴山	秭归	长阳	五峰
常住人口	392.00	35.80	42.84	41.85	17.70	14.45	31.03	31.89	16.15
户籍人口	386.54	37.85	46.62	45.82	18.12	15.97	36.19	37.60	19.19
人口状态	净流入	净流出	净流出	净流出	净流出	净流出	净流出	净流出	净流出

资料来源：《宜昌市统计公报2022》及湖北省人口计生全员信息系统。

从表1宜昌市及各县域人口比较来看，虽然宜昌是一个人口净流入城市（常住人口超过户籍人口），但区域内部则呈现出所有县域户籍人口均超过常住人口的状态。这说明，宜昌虽然是一个人口净流入城市，但就宜昌的县域来讲都是人口净流出县域。

表2　　　　　　　2021–2022年宜昌市各县市区人口自然增长率　　　（单位：‰）

	宜都	枝江	当阳	远安	兴山	秭归	长阳	五峰	夷陵区	西陵区	伍家岗	点军区	猇亭区
2021	–4.07	–3.24	–2.52	–2.79	–3.02	–3.31	–7.29	–3.88	–1.4	1.13	4.66	0.35	2.49
2022	–5.21	–3.33	–3.15	–4.07	–4.56	–5.33	–5.38	–6.50	–2.62	1.13	3.17	–2.90	–0.46

资料来源：2021年数据来源于《宜昌市统计年鉴2022》，2022年部分数据来源于《宜昌市统计公报2022》，部分数据来源于湖北省人口计生全员信息系统。

从表2反映的人口自然增长率来看，宜昌市总体人口自然增长率是负增长，为–2.4‰。2021年所有县域人口自然增长率也均为负数，但城区人口除了夷陵区以外，均为正增长。2022年较之2021年人口负增长的程度进一步加深。这说明宜昌总体上人口自然增长率在不断下降，但区域内部呈现城区人口自然增长率增加而县域人口自然增长率下降，反映出县域人口流失和城市人口增加的趋势。

（二）县域经济发展空间受限，提供的就业岗位不足

目前全市耕地保护目标432.08万亩，生态保护红线4633.54平方千米，分别占市域面积比例为13.6%和21.8%。在国家主体功能区规划的重点生态功能区名录中兴山县、秭归县、夷陵区、长阳自治县、五峰自治县这五个区县处在三峡库区水土保持生态功能区；宜都、远安、当阳处在农产品主产区。重点生态功能区是保障国家生态安全的重要区域，在国土空间开发中对各类开发活动进行严格管制，限制大规模高强度工业化城镇化开发，尽可能减少对自然生态系统的干扰。而这些生态功能区往往与经济不发达、民族地区高度重合。经济发展受到地理条件、交通基础设施、思维观念、人口人才等多种因素的影响，发展难度比较大。且考核指挥棒没有真正转变，生态产品价值实现机制也没有真正建立，发展过程陷入低水平循环。

二、推进宜昌县域城镇化的主要内生动力

（一）城镇相对较好的公共服务

县城相对较好的教育资源、医疗资源是农民进城的主要拉力。农民进城一般

是为了小孩上学，调查中的秭归县农民形成农闲在县城居住，农忙在乡村务农的双栖生活。近几年农村中小学生生源陡减，学位空置，经济条件稍有改善的家庭都会选择在县城就学。比如兴山县一个乡镇的完全小学，一个年级仅能开设一个班，一个班的学生仅20余人，全校六个年级的学生总共也才100余人，这样的情况在山区县非常普遍。就医的方便也是农民进城的又一拉力，兴山县因为高铁开通后武汉到兴山非常方便，聘请武汉大学中南医院的医生每周定期坐诊，为欠发达山区县人民的就医带来了优质的医疗服务，也吸引更多居民选择在本地就医。

图1 兴山县城区

（二）农民收入的持续增长

农业特色产业发展带来的农民增收是农民进城的主要推力。从调查中了解到，县城房价较高的两个县一个是秭归，一个是兴山。脐橙产业的发展给两个县的农民带来了增收，农民进城买房的意愿得以实现，也间接提升了县城的房价。在县城买房，孩子在县城就学，父母在村里忙脐橙产业，是山区特色农业发展给农民带来的新变化，也是促进山区农民进城落户的直接推动力。所以培育农业特色产业，持续推进农民增收是加快县域城镇化的一条可行之径。

三、推进宜昌县域城镇化的对策建议

县城是城市资源要素"下乡"和乡村资源"入市"的"中转站"。进入县城的成本相对城市较低，能够降低农民进城的时间成本、空间成本和社会成本，县域城镇化为提高农民生活质量提供了一条更好的途径。为进一步推动农民进城，需要从以下几个方面努力：

（一）优服务：发挥县城和乡村各自比较优势，完善基本公共服务

实施基本公共服务完善行动。根据人口流动规律统筹布局县城和乡镇基本公共服务设施建设，避免大修大建以及房地产化。补齐短板，方便生活，统筹县城、乡镇、村庄规划建设，顺应人口流动布局基本公共服务设施建设。

保持县城及乡村特色风貌。挖掘每个县域或乡镇的乡土文化和地域特点，保护峡江风貌、土家吊脚楼等传统民居，不搞大拆大建，不搞整齐划一，突出人与自然和谐共生，更多展现自然风貌、民族特点和文化传承。重人才培养，定期选派干部赴发达地区培训学习，开拓发展思路，建立乡土规划建设人才库，大力培育本土乡村建设能工巧匠，强化乡村建设人才储备。

加快布局养老服务设施，在县级建立养老服务指导中心，吸引农村老人在县城养老。引导社会力量发展普惠型、护理型养老机构，充分利用数字化平台，通过"早看炊烟晚看灯，云上监管报平安"的方式，开展农村互助养老。建强用好新时代文明实践中心和县级融媒体中心，完善全民健身中心、公共体育场、健身步道、户外运动公共服务设施。

（二）富口袋：发挥山区资源优势，持续推进农民增收

实施绿色产业富民行动。对于农民来讲，好日子就是"看得了病，上得了学，养得了老，就得了业"，再能"有活干，有钱挣"就是锦上添花。目前来看，县城提供的就业岗位普遍还不多，不能满足农民就业挣钱的需求。所以要立足本地资源优势，实现绿色产业富民。

加快建设现代农业绿色发展基地。坚持以绿色发展为底色，深化"三大工程"（种药肥革命、农业生产化废弃物资源化利用、农业面源污染综合治理），推进"六化模式"（标准化建设、生态化种养、机械化操作、数智化赋能、全程化管控、集约化经营），高标准建设现代粮油、乡村特色产业、现代养殖业"三大基地"。围绕柑橘、茶叶、药材等优势农业特色产业建设精品果园、生态茶园、高效菜园、道地药园。

加快建设农产品区域公用品牌。市县联动招引一批头部企业、细分行业领军企业、自带流量的龙头企业和渠道商，进一步打响"宜昌蜜橘""宜昌宜红""宜昌毛尖"等品牌。推动土老憨、一致魔芋等本土企业、合作社与良品铺子、盒马

鲜生、喜茶等渠道商的深度合作，发展直销配送、网络销售、农超对接、场景销售等营销模式。

推进一、二、三产业融合发展。开发农业多种功能，发挥三产融合乘数效应，纵向贯通产加销，横向融合农文旅，做好"土特产"文章，培育乡村新产业、新业态。深入开展农业产业强镇、现代农业产业园、优势特色产业集群、农村产业融合发展示范园创建工作。实施乡村休闲旅游精品工程，推进现有98家休闲农业重点园区提档升级，重点推介10条乡村休闲旅游精品线路。推动乡村民宿提档升级，发展清凉经济。推进农业与大健康产业融合，发展康养产业，开辟多途径农民增收渠道，建立完善新型经营主体连农带农利益联结机制，带动农民深度融入产业链价值链，分享更多产业增值收益。让农民留在农村发展，留在县城致富成为一种普遍愿望。

（三）畅交通：抢抓政策机遇，改善县域交通基础设施建设

实施交通基础设施畅通行动。良好的农村交通运输网络，是农村地区摆脱相对贫困、实现共同富裕的重要前提，但目前的农村公路发展与群众期盼仍有较大差距。主要表现在：农村公路技术标准等级较低，承载能力不强；公路客运量逐年下滑，客运站经济效益难以发挥；农村客运经营者存在小、散、多的问题，经营者实力有限、不愿意增加投入，难以承担农村客运的公益属性等。借城市化发展战略，积极融入宜荆荆都市圈，利用政策机遇改善市县、县乡交通。可以探索县级国有平台主导经营农村客运的办法，整合线路资源、更新车辆、实行公车公营，大力发展城际班线和全域公交，降低经营成本，提升服务质量，为农民进城提供致富捷径。

（课题组成员：何新华、熊珊、吴才彬、易玮玮；执笔人：熊珊）

点评

文章从农民要进县城以及县城要能满足农民的需要这个核心问题出发，客观分析了宜昌县域城镇化面临的"人地矛盾"以及推进宜昌县域城镇化的主要内生动力，并从优服务、富口袋、畅交通三个方面提出了对策建议。

以流域综合治理助力长江大保护典范城市创建

——以夷陵区黄柏河流域为例

张 琴 许婷婷 张 鲟

2018年，习近平总书记视察湖北，就长江经济带建设提出"共抓大保护、不搞大开发"的总体要求。湖北省第十二次党代会提出"治荆楚必先治水"，要以流域综合治理明确并守住水安全、水环境安全、粮食和能源安全、生态安全底线，统筹"四化"同步发展。宜昌市委七届五次全会提出，"打造更高水平的国家生态文明建设示范区"。近年来，宜昌市夷陵区认真贯彻中央省市流域治理系列要求，高度重视黄柏河流域系统治理，在长江大保护实践中发挥了示范作用。

一、夷陵区流域综合治理的做法及成效

为确保一河清水入长江，2015年起，夷陵区以黄柏河流域为试点，启动流域水生态保护综合执法改革，经过多年努力，逐步探索出了一条"地方立法、源头管控、生态补偿、综合执法"的流域综合治理新路径。

图1 冬日的黄柏河湿地公园云雾缭绕，宛如仙境

（一）促地方立法，破"九龙治水"，系统构建流域依法管控长效机制

地方立法明确导向。2018年2月，推动宜昌市出台《宜昌市黄柏河流域保护条例》，科学划定河道管理范围，建立流域分区保护制度。该条例成为全省首部流域保护地方性法规，推动流域保护由"有章可循"上升为"有法可依"，为依法开展黄柏河流域保护工作提供了坚强后盾和法治遵循。

综合执法破解"九龙治水"。2017年，在全省率先成立环保警察大队，出台《夷陵区森林公安与环保警察职能整合实施方案》，开展一系列环保专项整治行动，打出了环保执法"组合拳"。2019年，成立区综合行政执法局，在全省率先实施以"全领域、全地域、大综合"为主要内容的行政执法体制改革，将22个领域2683项行政处罚权归口一处，实现"一支队伍管执法"。环保、水利、农业、渔业、海事等部门涉及水生态保护的138项行政执法权得到集中行使，有效解决执法部门职能交叉、推诿扯皮等弊端。

生态补偿引控水质改善。2018年，推动宜昌市出台《黄柏河东支流域生态补偿方案》，在全省率先建立黄柏河流域综合生态补偿机制，将水量、森林面积、大气质量、土壤质量等指标纳入生态补偿考核内容，实行水质达标情况与生态补偿资金、磷矿开采指标分配"双挂钩"的考核奖励机制。

（二）建绿色矿山，护一江清水，统筹实现流域经济发展和环境保护互利双赢

在流域源头，倾力打造矿业绿色发展示范区。推动企业引进先进工艺，大力建设井下排水自动化处理系统和地面生活污水生化处理系统，深度净化排放工业废水和生活污水，实现废水排放标准化（已远高于国家标准和行业标准）；完善水质监测技术水平，实现企业运行监管规范化；鼓励企业推广新能源和电力设备等环保型生产工艺的应用，实现矿山建设生态化；通过堆渣场整治、河道治理、环境绿化和办公场所美化，实现矿区环境景观化。截至2022年底，流域内22家磷矿企业全部达到国家级绿色矿山标准。

在流域中下游，全力推动流域经济发展绿色转型。黄柏河流域经济结构从过去单纯依赖于磷矿资源开发，逐步向生态农业、生态旅游、生态康养产业转变。流域源头樟村坪镇依托高山凉都优势，大力发展夏季避暑康养产业，获评"全国森林康养基地试点建设乡镇"。沿线分乡、黄花等乡镇依托资源优势，文旅景区不断增多，三峡大瀑布旅游区荣升5A、宜昌百里荒高山草原旅游区升级4A，一

批生态旅游景点建成；针对沿线主城区组团区域内工业园聚集特征，夷陵瞄准新兴绿色产业，聚力打造"装备制造、大健康、现代农业、现代文旅"产业布局，抢占绿色发展新赛道。全市单体投资规模最大的产业项目——楚能新能源股份有限公司落户夷陵，一期于8月28日正式投产。流域综合治理统筹四化同步取得了明显成效。

在流域下游，大力开展城市防污综合治理。一是在城市垃圾处理方面，通过开展集体食堂禁用一次性餐具、电商企业包装减量等做好垃圾源头减量；通过垃圾前端分类收集、末端处置设施强化升级等措施，确保垃圾资源化、无害化处理，全区垃圾资源化利用率达到42%以上。二是在污水排放方面，高标准建成城区4个污水处理厂并对老旧污水处理厂扩容改造；投资8亿元，开展主城区全部雨、污水管道管网排查检测、清淤疏通、改造升级，水质水量调查等工作；重点排查整治排污口、治理污染源，对流域沿线企业污水排放进行严格管理。截至目前，全区已基本实现生活污水、工业污水、垃圾标准化处理，有力保证河水环保指标考核达标。

通过黄柏河流域全域综合治理，2022年，夷陵全区工业总产值达到555亿元，流域内新能源新材料、生物医药、电子信息与大数据等绿色新兴产业比重已占工业经济半壁江山；夷陵磷矿产值达到109.5亿元，较2016年增长52.96%。2023年，夷陵首次闯入"全国百强区"；黄柏河全流域Ⅱ级水类达标率达98.88%，较2016年提高30.9%。夷陵基本实现"矿要开、水要好、经济高质量发展"的目标，全流域经济发展和环境保护互利双赢势头良好。

（三）聚各方力量，抓岸边治理，流域整体形象实现大提升

集聚区域合力，做优城市功能。围绕宜昌主城"北拓"，实施联合周边、统筹规划、协调发展的组团发展布局，把小溪塔街道、东城试验区同鸦鹊岭镇、龙泉镇结为一体，组成"主城区组团"，形成了"长江—黄柏河—柏临河"城市流域发展新格局。

凝聚部门合力，做美流域岸边。制定出台全区流域综合治理和统筹发展三年行动方案。生态环境部门统筹抓好河流综合治理工程；综合执法部门大力争取长江大保护PPP项目用于在流域源头樟村坪镇建设热解气化项目，推动宜昌生活垃圾焚烧发电项目建设；住建部门全力推进城市更新、海绵城市建设及城市品质提升行动，等等。各地各部门相互配合、共同努力，促成城市与山水美美与共。

汇聚民心民力，做靓人居环境。推动全面建立市、区、乡、村四级河湖长制，建立"河湖长+警长+检察长+民间团体"的保护模式，构建流域保护齐抓共管的大保护格局。创新开展"生态小公民"教育，分学段编印《生态小公民读本》，生态教育课程成为全区6.7万名学生的必修课。推进流域保护普法进课程、进校园、进家庭。举办"美丽黄柏河，我是行动者"等主题普法宣传活动。近年来，接受流域普法宣传的群众达到100余万人(次)，全民依法护水、爱护环境的浓厚氛围逐渐形成。

图2　黄柏河生态恢复后，欢乐的鱼群

二、当前黄柏河流域综合治理面临的主要挑战

（一）守牢流域安全底线还有压力

一是水资源供需矛盾突出。现有农业灌溉及农村生活供水保证率不高，容易受干旱气候影响；城北门户区、主城区生产生活用水主要依赖东风渠供水，水源单一且易受渠道检修停水制约，难以满足宜昌北站及区内新产业园区快速增长的用水需求。

二是防洪排涝任务艰巨。由于历史原因，城区排水防涝等基础设施建设依然滞后，调蓄雨洪和应急管理能力不足，无法满足瞬时强降雨的排洪，比如城区骨干排洪通道罗家小河达不到20年一遇防洪标准，是城区防洪排涝的一大制约。

（二）农业面源污染治理难度大

一是化肥农药使用不合理。夷陵区70%地域属于农村，黄柏河流域沿线分布大量农田及鱼塘，种植养殖不够精细，长期施用过量化肥农药导致资源浪费，难以吸收的部分随径流渗透进入水体，降低水体质量。部分农用薄膜、农药包装废弃物等"白色垃圾"散落农田及沟渠，导致土壤环境恶化，影响农作物品质及产量。

二是农村生活污水治理难。目前农村生活污水量大、水质复杂、分散度高，部分村庄管网建设相对滞后，缺乏污水集中收集管网和污水处理系统，已有管网的农村多数也是雨污合流管网，雨污分流不彻底，污水收集、处理难。

三是畜禽养殖污染问题突出。2013年国务院出台的《畜禽规模养殖污染防治条例》等相关法律法规只针对规模以上的养殖场污染作出了明确规定，但对小规模养殖场（户）（100头≤猪当量<500头）和散养户（猪当量<100头）没有涉及。小规模养殖场和散养户粪污处理设施装备配套率不达标，特别是散养户粪污处理设施装备配套率低于50%，沿河、沿沟、沿渠直排外环境情况时有发生，畜禽粪污集中收集处理体系不健全。

（三）职能队伍协作机制有待完善

一是上下贯通难。夷陵区改革创新，成立了综合行政执法局，将全部执法权归口到一个部门后，由于上级并无对应的部门，导致区综合行政执法局要面临"一对多"（25个市直部门）的工作格局，对上协调难度增加，上下贯通面临困难。

二是部门联动难。黄柏河流域治理需要众多行政部门协同发力，在执法领域，我们有较好的经验，但在前期法律法规制定及前端监管过程中，相互协调沟通还存在缺陷。比如在《黄柏河流域保护条例》修改过程中，课题组主要向发展改革委、水利、生态环境、自然规划、农业农村、企业、乡镇征询了意见，公检法司部门却未涉及，略显遗憾。

三是队伍融合难。不同职能队伍成员背景身份不同，普遍存在行政编制、参公事业编制和公益一类(执法)事业编制等多种编制，编外辅助人员来源比较复杂，阅历认知高低不同，需要进一步规范融合发展。

（四）人力支撑活力不足

黄柏河流域人口老龄化现象严重。据统计，截至2022年底，全区60岁以上的人口占比24%，远高于20%中度老龄化的警戒线和全省平均水平，加上北上广、武汉、长沙等城市对劳动力的吸附，区域内中青年劳动力不足，新上企业存在招工难现象。不仅如此，近年来，夷陵区生物医药、新能源新材料、电子信息与大数据等高新技术产业蓬勃发展，但专业技术人才相对缺乏，高精尖层面人才更是难得一求，只能从外省聘请短期的技术指导，导致持续性发展受限于人气和人力匮乏，制约了产业在生态发展上的突破。

（五）财力支撑底气不足

黄柏河流域治理是多目标多要素的治理，涉及范围广、周期长、项目多、资金大，需要各级部门在确保防洪、供水治理目标前提下以更高站位统筹兼顾黄柏河生态、景观、交通等多种功能，而现有资金投入以财政资金为主，来源单一，缺口较大，很难满足现实工作需要。如何集中有限财力、争取各渠道资金保障项目平衡支出，这一问题亟须解决。

三、优化黄柏河流域综合治理的对策建议

（一）增强底线思维，在保障江河安澜上筑牢新防线

一是蓄发展用水，强供水保障。抢抓引江补汉重大战略机遇，积极谋划增设取水口、水系连通、实施农田水利设施巩固提升工程、新建水源等工程，加固清淤库塘，增强已有工程的蓄水保供能力。积极开展国土绿化提升行动，将植树造林与乡村绿化美化、森林乡村建设、生态修复工程相结合，改善下垫面条件，充分利用蓄滞雨洪资源。有序引导"旱改水"实施，增加农业水源涵养，强化农田灌溉设施建设与管护。推进城乡老旧供水管网改造，构建"双水源、双线路、多调节"的供水保障体系，支持城镇供水管网向乡村延伸，加快推进新水厂及配套管网工程建设。

二是防洪涝灾害，保民生安全。加快推进河道整治、山洪沟治理，提高河道、山洪沟防洪标准，增强行洪减灾能力。实施山洪极高危险区群众避险搬迁工程，加快山洪监测预警和群测群防体系建设。实施长江夷陵段堤防提档升级工程，开展中小河流河道清淤疏浚工程和堤坝安全隐患整治；以海绵城市建设为契机，提升规划水平，依据城市内涝及管网现状摸底情况，有序实施城市内涝点治理及完善城市排水排涝工程体系。

（二）精控农业面源污染，在改善生态环境上取得新成效

一是加快推进农业"药肥固化物"绿色化。开展农药化肥使用量专项调查，建立农药化肥使用量监测系统，指导农户精准施药、精准施肥。进一步推广测土配方施肥技术，推广病虫草害物理防控、生物农药防控等绿色防控技术，继续实

施农药化肥"零增长"计划。优化废旧农膜、农药包装等废弃物回收网点和处理区域布局，培育增加废弃物回收处理企业，完善回收、贮存、转运和处理体系。

二是因地制宜推进农村生活污水处理。健全并优化农村污水管网建设，现有合流制排水系统应实施雨污分流改造，城镇周边村庄污水管网应收尽收，人口集聚区采用村集中处理方式，居住分散区以户厕改造为重点，强化农村生活污水资源化利用。

三是加快推进畜禽养殖规范管理。充分调研，尽快推动《黄柏河流域保护条例》修改，在条例中增加规模以下养殖污水排放管理措施，分流域责任片区开展畜禽养殖排查整治，定期对流域沿线重点村畜禽养殖户开展帮扶指导和宣传教育。

（三）完善协作机制，在凝聚治理合力上实现新突破

一是深化市区纵向联动。以《夷陵区综合行政执法"一对多"工作机制管理办法》为抓手，主动靠前争取上级支持，定期与上级生态环保、水利、文旅等多个部门对接，积极参与市区两级专项整治联合行动，在业务指导、教育培训、信息共享、政策保障及监督考核等方面形成长效机制。同时，以体制机制带动流域综合治理队伍融合规范。

二是深化部门横向协作。进一步完善资源共享、信息互通、案件移送、执法协助等方面的部门间协作细则，完善联席会议、联合巡查、联合会商等联防联治机制，定期开展区公安、生态环保、水利湖泊、农业农村等多部门的联合检查巡查，加大重点特殊时期联合行动频次，以一盘棋思想推动黄柏河流域上下游之间产业布局、规划建设、环境保护、生态修复等工作。

三是深化区域联动协作。加强同流域其他县市（远安）"对话"，积极贯彻落实《宜昌市黄柏河流域共治共管合作协议》，在信息资源共享、联合办案、交界水域巡查、日常工作联络等方面加强协作，形成高频次跨区域纵向联合治理新模式。

（四）强化人员与资金保障，在建设幸福流域上展现新气象

一是聚智赋能，激发流域活力。鼓励生育，积极引导人口增长；继续紧跟宜昌市"1+4"人才政策风向标，落实《支持夷陵人才发展新十条措施》，依托三峡航运新通道、引江补汉、高铁新城建设等重大战略机遇引流青壮年来夷；突出高精尖缺和需求导向，积极引进能够发挥创新引领作用的高层次和急需紧缺专业人才；同时加强培养本土创新创业人才，支持高校与企业、科研院所联合培养高

打造更高水平的国家生态文明建设示范区

技能人才和职业技术人才，支持行业领域内企业自主培养高层次人才。

二是多措融资，增强发展底气。协同农业、环保、住建、乡村振兴等部门，积极争取中央、省预算内资金。推动政府和社会资本合作(PPP)模式、水利基础设施投资信托基金(REITs)试点。以北部水系连通工程、夷陵区流域综合治理水安全设施巩固提升工程等具有较大收益潜力的水经济项目招商引资，研究由金融机构、黄柏河流域甚至流域外具有较强实力的企业共同发起设立黄柏河流域治理保护投资基金。深入推进生态资源资产化，利用好水资源及污染处理收费价格机制，维持或补贴治理设施的建设和运行费用。

（作者单位：中共夷陵区委党校）

点 评

文章系统总结了夷陵区流域综合治理的做法及成效，分析了黄柏河流域综合治理面临的主要挑战，并从增强底线思维、精控农业面源污染、完善协作机制、强化人员与资金保障等多个方面提出优化黄柏河流域综合治理的对策建议。

宜昌推进以县城为重要载体的
新型城镇化建设研究

苏发金　赵景祥　陈婷婷　杨海晶　赵　微

2022年5月，国家出台《关于推进以县城为重要载体的城镇化建设的意见》，强调坚持以人为核心推进新型城镇化，尊重县城发展规律，统筹县城生产、生活、生态、安全需要，因地制宜补齐县城短板弱项，增强县城综合承载能力，提升县城发展质量，更好满足农民到县城就业安家需求和县城居民生产生活需要，为实施扩大内需战略、协同推进新型城镇化和乡村振兴提供有力支撑。本研究从宜昌推进以县城为重要载体的城镇化建设的现状、存在的问题以及对策建议三方面展开。

一、宜昌推进以县城为重要载体的新型城镇化建设的现状

宜昌下辖13个县级行政区，包括5个市辖区、3个县级市、3个县、2个自治县，综合实力居全国百强城市第51位。截至2020年末，宜昌户籍人口为389.90万人，城镇化率达到63.77%，较2010年提高了13.91%，高于全省平均城镇化率0.88%。

表1　　　　　　　2020年宜昌市各县市城镇化率对比

	秭归县	兴山县	远安县	长阳自治县	五峰自治县	枝江市	宜都市	当阳市	主城区
城镇化率（%）	41.13	49.77	54.05	31.23	40.41	59.68	60.14	56.37	83.00
城镇人口增长率（%）	−1.44	−2.10	−1.07	−2.95	−2.77	−1.98	−1.87	−1.40	2.32

数据来源：2021年宜昌市统计年鉴

宜昌城镇化率不断提升。从表1看出，长阳、五峰、秭归的城镇化率仅40%左右，这3个县内多为山区和丘陵，交通较为不便，人口密度较低，城镇化进程较慢；枝江、宜都、当阳和远安的城镇化率为55%~60%，枝江和宜都紧邻长江，便利的交通促进工业大力发展，城镇化水平接近全市平均水平；当阳地处丘陵向平原过渡区域，

打造更高水平的国家生态文明建设示范区

市内水利资源丰富、公共交通发达,工业和现代农业发展很好,城镇化率不断提高;远安和兴山有丰富的磷矿资源,交通便利,近五年的城镇化率提升也最快。

表2　　　　　　　　　2020年宜昌市各地区人口密度

	秭归县	兴山县	远安县	长阳自治县	五峰自治县	枝江市	宜都市	当阳市	主城区
区域面积（千米²）	2427	2328	1752	3430	2372	1310	1357	2159	3856
城镇人口（万人）	36.68	16.25	18.90	38.36	19.48	47.36	38.42	46.33	128.13
人口密度（百人/千米²）	1.51	0.70	1.08	1.12	0.82	3.61	2.83	2.15	3.32

数据来源:2021年宜昌市统计年鉴

工业发展促进城镇化。由表2可知,人口密度与城镇化率大致呈同向发展。近些年来,枝江大力发展化工行业与新材料新能源,引入了磐恒科技、奥美医疗、湖北兴镍等规模级公司,工业化带动城镇化发展;当阳有三峡新材、华强化工、城堡水泥、蒙牛等龙头企业和一大批知名企业,工业发展良好;五峰地处过渡区,县内山地较多且县域面积不大,无法形成规模化的农业和工业,县内人口密度较低,城镇化发展也最为困难。

表3　　　　　　　　　2020年宜昌市各地区产业比例

	秭归县	兴山县	远安县	长阳自治县	五峰自治县	枝江市	宜都市	当阳市	主城区	宜昌市
第一产业比例（%）	19.8	12.4	12.5	26.1	28.1	16.3	8.3	18.6	--	10.8
第二产业比例（%）	31.8	40.6	45.8	26.3	28.2	42.2	49.6	37.7	--	42.9
第三产业比例（%）	48.4	47.0	41.7	47.6	43.7	41.5	42.1	43.7	--	46.3
规模工业增速（%）	-6.6	-14.6	0.2	1.1	0.1	-1.2	-12.3	-14.5	7.82	-5.0

数据来源:2021年宜昌市统计年鉴

宜昌各县域产业结构分化明显。由表3可知,长阳和五峰的第一产业占比较高,超过了总产值的四分之一,说明其工业化程度较低;宜都、远安、枝江、兴山的第二产业占比均超过了40%,说明其工业化水平较高,城镇化也更容易推进;秭归和长阳的第三产业占比较高,接近50%,但由于其第一产业的占比较高,产业结构并不合理。宜都、当阳和兴山的规模工业比例下降较快,由于疫情的影响,各县城工业化推进受到阻碍。

宜昌基础设施日趋完善,各县市区紧密相连。岳宜高速、呼北高速建成通车使宜昌县县通高速;秭归长江大桥、G241宜黄一级公路、S276伍龙一级公路建成,基本实现中心城区一级公路出城，东部县市一级公路相连，西部县市二级公路贯通；港口航道优化升级，铁路建设稳步推进，郑万铁路联通成功，航空机场扩容提能，各航空源产业加快发展，整体交通运输能力大幅提升，宜昌以城区为中心基本形成一小时经济圈。

二、宜昌推进以县城为重要载体的新型城镇化建设的问题

（一）城镇人口集聚能力弱，劳动力后备资源差

城镇化实质上是人口的集聚过程，城镇对人口的集聚能力越强，城镇化推进也就越快。数据显示，宜昌近五年户籍人口下降了2.2%，常住人口下降了5.35%，虽然每年的常住人口均高于户籍人口，但2020年常住人口急剧下降，且常住人口高于户籍人口的比例较小，说明宜昌对人口的集聚能力逐渐减弱；从各地区的人口变动来看，常住人口大于户籍人口的区域集中在市区，下辖县城人口总体呈现流出的现象，县城区域对人口的吸引力不足，无法做到"留下来"；各县城的人口总体呈现下降趋势，人均收入无法匹配人均GDP，城镇登记失业率逐年升高，城镇就业率同比下降。同时，城镇从业人数总体下降，人口负增长，异地就业率高，劳动力外流严重，人口的下降及劳动力的外流表明劳动力的后备资源较差，无法为接下来的城镇化推进创造足够的持续造血能力。

（二）工业水平参差不齐，空间发展不均衡

宜昌的城镇化率基本与国家总体水平一致，但各县市区城镇化水平严重不均衡，总体城镇化率依靠主城区拉高上限。长阳的城镇化率仅31.23%，五峰的城镇化率仅40.41%，秭归的城镇化率仅41.13%，远安的城镇化率为54.05%，而猇亭区的城镇化率达到93.10%，西陵区和伍家岗区的城镇化率更是达到100%，城镇化发展不均衡，其主要原因是部分地区工业水平不发达。城镇化率较低的长阳、五峰等地均处于山地或丘陵地带，交通水平较差，工业化水平低于市内平均水平，县级政府无法从工业获得足够的财政资金支持农村城镇化的推进，只能优先将有限的资金用于主城区的旧城改造和新区建设，无力负担城镇化推进过程中高额的基本服务支出。2020年宜昌各县城规模以上工业增加值增速基本均为负数，西部山区经济水平与沿江平原差距较大，且交通条件、龙头产业、基础医疗教育均较为落后，旅游资源的开发不足以成为支撑县城经济的主要支柱。除市区和县级市外，其余几个县城均存在着人口外流的现象，且城镇化率低于全市平均水平，市区和县级市的极化

现象严重；全市总体从业人数较 2015 年下降 30.7 万人，总人口下降了 0.9 万人。

（三）城市公共服务供给不足，表层城镇化现象严重

远安、长阳的 2020 年企业所得税和增值税仅占当年财政支出的 7.6%，五峰企业所得税和增值税仅占当年公共预算支出的 4.8%，公共预算收入不足公共预算支出的一半，导致政府财政资金的主要来源难以撑起财政支出，县城对公共服务的投入不足，难以跟上人口的增加。加上目前宜昌各县城的核心产业较少，无法创造出足够的岗位，多数农村劳动力更倾向于向沿海城市等地区转移。县城对外出务工的中青年人吸引力不足，这部分人对县城建设参与意愿也较低，即使是定居在城市的农民，由于户籍的限制，多数农村劳动力并未覆盖养老、医疗、失业等基础保险和最低生活保障，农民工几乎完全被排斥在城市社会保障体系之外。由于制度体系和基础设施不健全，多数农村劳动力主观上很难从城市获得足够的归属感，加上人口转移基数不断增加，各县城无力将这部分人口留下来。城市的就业歧视也会对农民工形成排斥效应，这种表层的城镇化对农民工的包容性较差，多数人口仅仅是为了下一代的教育、婚姻等在县城买房，之后仍向发达地区寻求就业机会，事实上这与以人为核心的新型城镇化战略是相背离的。

（四）县域规划定位不准确，城镇化建设资金缺乏

目前，宜昌县城改造正在推进，但如何发挥县城的带头作用，带动农村集镇和农村社区共同发展，很多县市缺乏规划，没能做到一盘棋，不能协调县城、集镇和农村社区一体化发展。县域城市建设改造重点仍放在县城。农村空心化成为限制乡村振兴的最大阻碍，返乡潮的兴起也无法逆转农村空心化，加上农业生产自然与市场风险较高，农业承载风险的能力又较低，资本无法对农业充分投入，乡村振兴所需的人才、资金等资源无法充分得到满足。税制改革后，地方政府公共支出多由地方财政自给自足，大多数县级政府的财政自给率仅 55% 左右，宜昌部分县市的公共财政自给率甚至只有 15%~30%，在资源稀缺的条件下公共投入优先向发展好的地方倾斜。近几年房地产市场持续低迷和人口持续外流使得土地红利不足，县城建设日渐停滞。

三、宜昌推进以县城为重要载体的新型城镇化建设的对策

（一）提高城镇集聚人口的能力，加强劳动力后备资源供给

打造宜昌东部新城和西部生态旅游圈。宜昌东部新城，以宜昌主城区为基本

骨架，将枝江、宜都和当阳纳入新城规划。在东部新城建设乡村轻轨，加强城市与村镇的联系。加强产城融合，发展工业、新兴产业和服务业，吸纳劳动力就业，扩大城市人口规模。西部生态旅游圈包括远安、秭归、兴山、长阳、五峰和夷陵区西部区域。大力发展生态产业、特色农业和旅游业。以绿色产业为主，形成一县一品、一乡一品或一村一品。积极引进大学生就业，引入不同层次人才。高质量发展职业教育，办好职业高中、成人职业教育学校，为当地经济发展培养后备人才。

（二）加快县域工业集群化，促进产业结构优化升级

建立产业园区，借助现代化综合运输网络和信息网络，构建县域一体化产业集群网络。促进县城运行信息全面"上网"，积极与沿江县城联动，促进周边产业综合型发展。提高工业发展质量，成熟的工业区如枝江市要坚持以特色产业为核心错位发展，强化产业平台的支撑。立足宜昌矿产资源禀赋优势，积极发展下游产业如新能源、电池行业等，结合宜昌交通区位优势，形成新能源行业产业链，将产业园设立在核心城镇附近，放大核心地区的辐射作用吸引人口正向流动，打造先进制造、新能源新材料的专业功能县城。农业型县城要增加二、三产业的比重，加大农企对接力度，做到第一产业的"接二连三"。秭归要紧握文化优势，开发延伸旅游业相关产业发展，结合现代化数字科技不断提升旅游品质。自然生态功能县域如兴山、长阳和五峰，应增强公共服务和财政支付能力，发展清洁能源和适宜产业，确保筑牢生态安全屏障的前提下，开发自然风景区。促进中心城区与各县城产业接轨互补、深度融合，各县城找准与小镇、农村区域的产业联系。鼓励企业转型、入驻，扩大招商引资规模。将工业化程度较高的县城如枝江市作为中心县城，依托其工业化优势打造次级经济核心，拉动周边县城工业发展和经济增长。打造优势县城"亚核心"地位，为周边县城创造新的经济增长点。

（三）完善城乡社会保障制度，提高流动人口归属感

完善城乡保障体系，保障县域人口的基本生活服务水平与社会发展同步。推进县城基础设施和公共服务向乡村延伸，鼓励企业或社会参与公共事业，形成多元化分摊机制。构建县城—中心镇—中心村的一体化公共服务体系；建设连接城乡的市场网络和电商平台，带动农副产品的再加工和对外销售。统筹发展沿江城乡一体化和山区的教育、医疗等公共服务，扩大乡村医疗卫生体系范围，鼓励发展远程医疗，建设县域医疗共同体。农业大县要关注失地农民的再就业问题，引导二、三产业提供更多的工作岗位，扩大失地农民社会保障范围，为农民提供职

业技能培训，提高其自身就业能力。破除人口流动壁垒，提升流动人口的城市认同感，扩大城市社保体系及教育覆盖范围。全面取消落户限制，完成居住服务设施与落户政策相匹配，推动宜昌落户人口与原户籍人口社会服务水平均等化。加强县域城区基础设施建设投资、鼓励人口向中心城区集聚。提升基层治理能力，探索县城新兴社区治理模式，确保进城人口不会破坏原有的城市基本服务水平。保障进城人口的回乡退路，提高农民在土地增值收益中的分配比例，保障进城农民的选择权利和农村土地的承包权、使用权。

（四）合理规划县域城市建设，提高土地集约化水平

将土地利用和城市规划相结合，严格控制规划建设用地标准，确保土地可持续发展。坚持农业用地坚决不被侵占，生态保护区域范围内无化工企业，沿江1千米内化工行业退出，确保基本用地不受污染。宜昌各县市的城市规划要综合考虑用地空间、用地总量、土地功能等方面，对县城、集镇和农村社区进行重新规划，加快旧城区改造，将前期不合理的规划修改优化，明确各地区用地性质，统筹考虑多方因素，淘汰低能效、高污染企业，提高土地利用效率。产业结构优化会提高土地的使用效率，工业化程度较高的夷陵区、宜都市等地区未来第三产业的比重会不断增加，因此工业用地比例整体规划要减少，适当提高公共服务和商业服务用地比例，建设新型产业园区、物流园等；工业化程度较低的五峰和长阳等，要在保留第一产业用地比例不变的情况下，适当增加工业地区的范围，同时注意产业用地与基础设施的配套。实现县城转型与现有用地开发结构的匹配，控制工业用地开发速度，加大公共服务设施用地的开发，补强城市绿化等生态功能。倡导园区资源共享，将公共服务、仓储物流、职工住宿等资源进行统一建设，提高土地集约化利用水平，由政府统一建设调配，提高土地使用效率。

（作者单位：三峡大学经济与管理学院）

点 评

文章对宜昌市域城镇化及各县市城镇化发展现状进行深入研究，通过对宜昌县域城镇化现状、存在的问题进行分析，提出宜昌推进以县城为重要载体的新型城镇化建设的对策，对于宜昌推进城乡融合发展，补齐共同富裕的短板弱项具有重要参考价值。

兴山实现"双碳"目标的挑战与对策

陈光福　张小华　万雅莉

全球性气温升高是人类面临的最严峻挑战之一。中国是全球最大的发展中国家和温室气体排放国。习近平总书记庄严承诺：中国二氧化碳排放力争于2030年前达到峰值，努力争取2060年前实现碳中和。这是党中央经过深思熟虑做出的重大战略决策，事关中华民族永续发展和构建人类命运共同体。兴山将争创全国"双碳"先行示范区的目标写进了兴山县政府工作报告和"十四五"规划。本文将围绕这一目标，探索"双碳"目标进程中的"兴山方案"。

一、兴山提出争创"全国双碳先行示范区"的有利条件

（一）高度重视，有争创的迫切要求

1. 统筹发展，绿色先行。兴山县"十三五"期间累计投资20亿元用于绿色小水电及光伏发展，能源利用效率和结构优化走在全省前列。

2. 远景规划，项目带动。兴山县提出了在全国率先整县达到"碳中和"，实现全国"碳达峰、碳中和"先行示范区的创建目标。实施垃圾焚烧发电、15万千瓦光伏、16万千瓦风电、碳汇林、抽水蓄能等重大项目建设。

（二）资源丰富，有争创的坚实基础

1. 森林碳汇能力强。兴山县成功创建省级生态文明建设示范县。荣获了"中国天然氧吧、全国森林康养基地试点建设县、全国绿色矿山发展示范区、全国首个国际小水电绿色发展示范基地"等国字品牌。

2. 零碳能源基础好。兴山县域境内水能蕴藏量达31.82万千瓦，已建成小水电装机23.4万千瓦，年均水电发电量达8亿度。已建成两座装机42兆瓦的光伏扶贫电站。

3. 矿产资源品种多。目前全县已探明矿产有50多种。煤炭储量约0.16亿吨，优质大鳞片石墨储量约1亿吨，银钒矿储量约2.3亿吨，花岗岩储量约52亿立方米。

（三）敢闯敢试，有争创的实践经验

1. 用康养旅游发展兴山。在低海拔的山下，发展香溪河谷旅游观光来积聚人气，集散游客。在高海拔地区，发展康养度假来吸引更多游客来此驻留更长时间，形成更多消费。

2. 用飞地经济擦亮兴山。"飞地经济"为县内生态保护提供更宽裕的"休养生息"空间和更强劲的财力保障，从而形成山上山下融合共进、县内县外协同发展的良性产业发展布局。

3. 用品牌文化滋养兴山。兴山高标准承办昭君文化艺术节，昭君村成功晋升国家 4A 级景区，并荣获"中国最美乡村"称号。高标准建设生态康养基地，榛子乡秉承绿色发展理念建设的"昭君原野"成为"让生命撒欢的原野"。

图 1　中国社科院生态文明研究所在兴山调研

二、兴山实现"双碳"目标面临的挑战

（一）理念亟待改变

1. "双碳"理念存在误区。居民普遍对"碳达峰、碳中和"的含义、背景及重要性了解不深。有的认为节能减排是工业和建筑业的事，与农村和其他行业关系不大；也有人认为兴山山大人稀，很容易实现"双碳"目标。

2. "环保"习惯尚有差距。在生活中，仍然存在随意乱丢垃圾、排放废水、过度开采、使用一次性生活用品等破坏环境的现象和不注意关水关电等浪费资源的问题。

3. "生活"模式很难转型。在交通领域方面，大家对充电桩的依赖性远远低

于加油站，对新能源车的蓄电能力存在质疑。在生活用能方面，更加偏好于明火烹饪。少数农村人还习惯于用柴火取暖和熏肉等。

（二）技术亟待提升

1. 储能技术"爬坡上岭"。在大面积可再生能源上网的情况下，电网的储能和调峰安全稳定地运行面临着比较大的挑战。

2. 工业碳排放"进退维谷"。兴山县的工业碳排放主要来自生产过程，只能通过产业结构的调整以及加大碳捕获力度等手段去加以处理。但黄磷生产是兴山县的优势和支柱产业，完全放弃可能性不大。碳捕获技术的成本又高。

3. 生物质能竞争"实力薄弱"。生物质能具有易储存、使用灵活等特点，但受地形、距离和人工成本等因素影响，将林木生物质材料通过工业化利用手段转化为多样性能源产品和生物质产品方面还存在短板。另外，在多样性保护、开发生态服务功能方面的作用力度不够。

4. 能源结构转型"代价不菲"。"十三五"期间，兴山县持续推动天然气管网与加气站建设。"十四五"期间，兴山将会继续修建14座加油站，并铺设天然气管道35千米。上述已经建成或在建的传统能源基础设施的建设投资使兴山县向零碳能源体系转型存在较大的沉没成本。

（三）要素亟待保障

1. 土地要素制约。风电站（场）、光伏发电站项目需要大面积而且要集中连片的土地。兴山县山地多，且受生态红线、耕地红线保护和建设用地管控等限制，导致光电项目选址有难度。

2. 资本要素收缩。目前光伏发电政策正在由电价补贴向平价上网转变，生物质发电政策正在由非竞争性配置向竞争性配置转变，减少乃至取消光伏发电、风电的财政补贴是大势所趋。兴山财政收入缩水严重，对能源领域的投资将锐减。金融机构对能源投资项目的信贷也趋于谨慎。

3. 统筹调度欠缺。"碳达峰、碳中和"包括能源、经济、社会、气候、环境等众多领域，涉及工业、能源、交通运输、建筑、农业、林业等多个部门。目前虽然各部门都有相应的规章制度，但由于缺乏统筹谋划、明确职责，没有形成推进合力，缺乏机制协调与保障。

（四）挑战亟待应对

1. 高铁虹吸效应的挑战。郑万高铁正式运营前3天，从外地来兴2164人次，兴山外出2618人次。大量人员的涌进或流出，因吃住行使二氧化碳排放量日益增加。

2. 小县大城膨胀效应的挑战。"小县大城"建设使旅游承接面由点变面，增大了旅游空间，在提升了居民生活档次和城市品位的同时，带来的是密集型生活产生的大幅度碳排放问题。

3. "飞地经济"辐射效应的挑战。"飞地经济"让兴发集团更加发展壮大的同时，把兴山变成了"梧桐树"。大量落户兴山的企业在生产过程中增加了碳排放总量。

三、兴山县实现"双碳"目标的对策

（一）积极作为，让"双碳"理念"飞入寻常百姓家"

1. 主流媒体树立风向标。县委宣传部和县融媒体中心要精心制作"双碳"宣传片和精选"双碳"宣传标语，在重要时间段宣讲。

2. 主管部门释放强信号。明确常务副县长对"双碳"工作牵头抓总，成立由县发展改革局牵头，其他职能部门联合的领导机构。抓住"全国节能宣传周""全国低碳日"等重要时间节点，开展形式多样的宣传实践活动。一年至少开展一次节能节水、反食品浪费、垃圾分类的知识讲座和岗位培训活动。

3. 公共场合营造浓氛围。在全县交通要道路口、各村主要路口张贴宣传标语。在公共场合张贴反食品浪费、设备节能、节约用水、垃圾分类投放等提醒标识。

4. 全县上下掀起新高潮。城镇开展节约型机关创建。机关事务管理局鼓励有条件的单位争创国家级和省级"节能示范单位"。带头采购新能源车，并督促有条件的单位优先采购。县直所有单位要明确一名党组成员分管、专人负责节能型机关创建工作，深入推进无纸化办公，限制使用一次性办公用品。农村开展新文明实践活动。通过村庄清洁日活动、"美好环境与幸福生活共同缔造"项目、红黑榜评选、"村规民约"实施等，让"双碳"理念"飞入寻常百姓家"。

（二）克难攻坚，让"节能"增效"百舸齐发竞风流"

1. 发挥小水电"压舱石"作用，念好"提关改建"四字诀

（1）提高开发量。通过引进人才与引进项目，使兴山县小水电技术可开发量提升10%。

（2）关停累赘站。逐步关停影响旅游区景观或对生态环境破坏比较严重，且效率低下的小水电站。

（3）改造旧电站。通过实施电站改造扩容、河流生态改造、监测设施改造、

集约自动化改造等，将现有和新建水电站的利用时间与利用效率整体提升10%。

（4）建好储能站。选取坝高水平和蓄水量适宜的发电站和水库，建设配套的抽水蓄能设施。

2. 发挥太阳能"聚宝盆"作用，做强"光伏发电"大文章

（1）做强光伏扶贫模式。把光伏电站收益分红给村集体经济，由村委会筛选有劳动能力的贫困户从事公益性岗位，这种光伏扶贫模式既能保证村公益事业有专人做，又能拓宽贫困户增收渠道。

（2）扩大光伏电站规模。早日建成装机50兆瓦、年光伏发电量超过1亿度的滩坪光伏发电站。争取光伏装机40兆瓦的坟淌坪风光水一体化项目2023年开工，2025年全部建成并网发电。

（3）挖掘屋顶光伏潜力。力争2027年，城镇公共建筑屋顶总面积光伏安装比例达到50%。力争2030年，农村居民屋顶总面积光伏安装比例达到20%。

（4）探索农光互补模式。鼓励柑橘大户、药材种植大户或家庭农场采用"农光互补"模式经营，并根据其规模大小和带动脱贫户情况对其实行资金奖补。

3. 发挥生物质能"转换器"作用，激活"生物质能"潜力股

（1）争取项目助力。帮助企业争取国家与湖北省相关政策与项目资金，配套支持沼气、乙醇、生物柴油等生物质能的发展。在规模化养殖场、酒厂中要求建设大中型沼气池。在大中型沼气池附近修建有机肥生产厂。

（2）多种举措助力。增加农村居民冬季用电补贴、推广生物质炉、建设养殖场沼气工程，激励农村居民增加电与清洁生物质能源取暖，减少使用薪柴与煤炭等能源取暖。城镇严格禁止用煤或薪柴取暖，同时推出冬季清洁能源取暖补贴政策。有条件的单位办公楼与部分住宅小区新建清洁燃料（电、乙醇等）小锅炉设施，实行小范围集中取暖。

（3）变废为宝助力。大力跟进装机7.5MW的垃圾焚烧发电建设项目。再建1座垃圾发电站来处理全县的垃圾增量。

4. 发挥微电网"调节器"作用，实现"源网荷储"安全性

（1）缩短半径，改善质量。在全县8个乡镇政府所在地建立微电网站，缩短供电半径，解决农村地区供电距离较长，末端电压较低的问题。

（2）均衡力量，解决矛盾。在用电密集型地区和优势电站建立微电网，有效减轻大电网设备重载负担，提高对分布式可再生能源的接纳能力，化解小型分

布式电源与电网之间的矛盾。

（3）米字框架，多能互补。以县城所在地为原点，建立米字形微电网，辐射八个乡镇，构建起多能互补的能源体系，增强可再生能源的就地消纳和生产能力，实现用户与能源输送之间有效对接。

（三）统筹协调，让"部门"联动"共谱引领示范曲"

1. 结合实际制定"兴山方案"。兴山县要结合自身的资源禀赋、发展阶段、产业结构等方面的特点，科学制定兴山县提前实现"碳中和"目标的中长期行动计划和兴山县经济社会深度脱碳行动方案。在国土空间规划、专项规划、区域规划方面给予更多支撑保障。搞好规划间的衔接协调，确保步调一致。

2. 依靠国家政策编织"多彩福袋"。充分利用市场和政策工具，在财税、价格、金融、土地等方面实施有利于零碳转型的优惠政策，鼓励社会、企业、金融机构和民间资本向零碳项目投资，加强对零碳技术的研发和使用等。

3. 加快分类实施跑出"兴山速度"。鼓励有条件的乡镇、村以区域为单位率先实施碳中和。鼓励支持企业围绕碳中和进行产业转型升级。严守生态保护红线，创新监管方式，筑起生态屏障。探索推动农村秸秆肥料化、能源化、饲料化的就地多途径利用项目。

4. 利用碳汇文章做出"兴山贡献"。通过增加混交林比例、适当延长轮伐期、加强中幼林抚育、退化林修复和人工林改造力度，实施森林经营增汇措施，从而提高森林生态系统质量以及对气候变化的抵抗力。大力支持与发展现代林业产业。通过碳汇和可再生能源电力为周边地区实现碳中和做出"兴山贡献"。

5. 制定考核标准诠释"公平正义"。要建立一套具有科学理论依据和实践效果的零碳转型相关标准体系，并在此基础上，对政府自身、企业和公众等主体的零碳举措以及零碳行为进行公开公正的评价。

（四）零碳能源，让"高铁"小城"香远益清美名扬"

1. 零碳交通让城市更加畅通

城镇化进程带来的城市空间扩张和出行距离增加，以及机动化进程导致的私人汽车出行比例不断上升是碳排放增加的主要原因。实现交通领域碳零排放要经历以下三个阶段。

（1）政府主导，让新能源车"涌入"城镇。在城镇公交车行业、景区换乘中心、党政机关和企事业单位全面推广使用新能源公务用车。在古夫城区增加绿色公交车数量。结合上班时间和人口流动量调整发车时间和发车次数，让上学族、上班族自愿选择乘公交车。力争2025年首先实现公共交通汽车和农用车的全面电气化替代。

（2）市场调控，让旧能源车"淡出"城镇。压缩加油站数量和减少石油外调数量，让一些高能耗、低效率的老旧车辆自愿变动为停。稳步推进传统燃油汽车"分地区、分车型、分阶段"的禁售与退出政策，让旧能源车逐步淡出城镇。

（3）优化服务，让新能源车"融入"城镇。通过减免税费、财政补贴、优惠用电、建设充电设施、建设售后服务体系等措施激励人们自觉自愿地采购新能源车。实现2030年轻型货车和载重车的全面电气化替代，2035年家用小汽车和摩托车的全面电气化替代。

2. 零碳建筑让城市更加清洁

（1）电气替代。推行炊事电气化和电热水器替代燃气热水器。

（2）集中供暖。最好由政府出面组织在城镇所在地大规模集中供暖。

（3）更换炉灶。要求学校、医院、酒店、餐馆等用能大户，用电驱动热泵或者采用直接电热来替代用煤设备。

3. 零碳生活让城市更加活跃

（1）让居民"动"起来。在人口相对集中的公共区域增设座椅、足球场、游泳池、健身设施等。工会推出全民健身小程序，鼓励职工步行上下班，积极参加体育活动，每年评选一批"运动之星"和"节能团队"。

（2）让生活"净"起来。督促用塑大户开展包装减量化，积极采用绿色包装。引进绿色环保产品快速替代塑料产品。

（作者单位：中共兴山县委党校）

点 评

文章围绕争创全国"双碳"先行示范区目标，结合兴山当前县域经济社会发展状况，客观分析兴山实现"双碳"目标的优势、面临的挑战，立足兴山县情，提出有针对性、可操作性的对策建议，提出了探索"双碳"目标进程中的"兴山方案"。

打造内畅外联的高能级综合交通枢纽

借势水运新通道 打造世界级宜昌

湖北省社科联 宜昌市社科联联合课题组

2018年4月，习近平总书记考察长江、视察湖北、首站到宜昌时指出，要从综合交通运输体系全局出发，解决三峡船闸"肠梗阻"问题。修建第二船闸，对于提升长江干线通航能力、更好地发挥长江黄金水道作用意义重大，对长江经济带、湖北及宜昌必将产生重大影响。近期，省、市社科联组建联合课题组深入宜昌项目现场调研，并与多个市直部门、业内专家座谈研讨，发现有三个方面问题需引起重视，加快破题。一是要明晰三峡水运新通道方案与其他解决拥堵方案的关系，立新不能除旧，是目前比较迫切的问题。这需要宜昌把逻辑讲清。二是就三峡水运新通道工程本身而言，巨型复杂工程的论证工作牵涉面广，要从省级层面提前谋划研究，加强统筹协调。这需要宜昌把策略搞清。三是从更宏观的视野，基于三峡水运新通道重新定位宜昌，找准水运新通道对宜昌及湖北的重大机遇到底是什么。这需要宜昌把未来理清。本文就破解眼下之急、协调在即之困、谋划长远之势，针对三个方面问题提出建议如下。

一、避免"新通道"影响"翻坝"信心，为继续推进三峡综合运输体系提供坚实保障

即将建设的三峡水运新通道工程（简称"新通道"）和正在建设的三峡综合运输体系（简称"翻坝体系"）到底是什么关系？新通道建成后，翻坝体系会不会沦为弃子？这是宜昌要回答的诸多问题中的首要问题。过去针对船闸拥堵对宜昌物流地位影响有两大截然相反的观点，客观存在思想上的分歧。一是认为存在拥堵，所以宜昌可以通过翻坝形成物流枢纽；二是认为宜昌解决拥堵的翻坝方案，不符合市场规律，是伪命题。在新通道建设背景下，宜昌远景也存在两种观点，一是认为新通道畅通了长江航运，宜昌物流枢纽地位下降；二是认为宜昌枢纽地位不会变，但缺乏支撑理由。

（一）新通道论证和建设期，是翻坝体系发挥作用的关键时期

随着"一带一路"倡议和长江经济带、成渝地区双城经济圈、西部陆海新通道等国家战略的深入实施，三峡枢纽货物通过量有可能持续增加。特别是葛洲坝航运工程扩建期间，必然影响到二号船闸通航，届时船舶既有过闸能力大幅下降。为保障十年过渡期内三峡通航平稳有序，翻坝体系是疏解拥堵的重要方式之一。

（二）翻坝体系在新通道建成后，仍将承担重要疏解功能

水运成本低、运量大、能耗少、污染轻的比较优势明显，货物业主有追寻最低成本的强烈动机。船闸是长江水道的物理瓶颈，新通道建成后，如果长江航运需求持续增加，甚至达到有些机构预测的 7 亿吨规模，远超当下 1.6 亿吨实际过坝量，瓶颈制约会再次出现。

图 1　课题组在秭归县银杏沱滚装码头调研

即使三峡断面航运需求不持续增加，长江中游航道未来规划也仅为 4.5 米水深，与上下游航道不配套，仍然需要宜昌枢纽的上下衔接。

（三）从总体国家安全观来看，翻坝体系有重要战略意义

三峡枢纽具有政治敏感度高、安全风险性高、民生关联度高等特点，要统筹发展和安全，时刻紧绷安全稳定这根弦。除船闸维修、应急防洪、安全事件外，要树立忧患意识，提升其交通战备应急应战能力，构建应对不确定性事件的备用通道，以应对各类风险。

综上分析，二者并非分割对立关系，而是互为补充。"翻坝体系"不仅是"新通道"建设期的临时过渡，也是长期的稳定保障。宜昌应通过各种场合把翻坝体系存在逻辑讲清，争取国家层面在开展新通道的规划和设计工作时，把翻坝体系统筹考虑。只有借力打力，谋定后动，顺势而为，才能化被动为主动，变挑战为机遇。

二、提前研究与协调，着力解决新通道工程相关重点问题

（一）加快建立与上游沟通交流机制

需持续深化宜昌与长江上游地区的合作。宜昌和重庆是新通道项目最重要的

承担方，国家高度重视两地意见，但宜昌与重庆城市层级不对等，建议加强向上汇报，争取省政府牵头，由宜昌具体筹划，建立与重庆协商机制。在运营组织、区域合作等方面加强沟通，共同向中央争取政策。通过机制保障，把建设过程中的诸多问题逐步化解。

（二）加快研究新通道系列配套政策

宜昌除了加快研究新通道工程本身的征迁、还建等相关工作外，还应重点围绕翻坝体系开展研究。重点措施包括：加快建设"两路、两港、两铁、一管"的翻坝体系，迅速完善港口、站场作业资质；积极争取湖北省港口集团支持，理顺"一省一港"经营机制；尽快制定三峡船闸分类通行规则，禁止和限制危险品过闸，确保船闸安全；研究翻坝体系相关过路费收费政策，争取高速公路、省地方铁路等业主降低收费标准；积极争取三峡集团和中央部委全力支持翻坝体系市场培育；与重庆就新通道收费等重大政策进行协调，形成共同利益诉求；发挥重庆市作用，支持宜昌市保留葛洲坝三号船闸等。

图2　课题组在白洋港码头调研

（三）努力运作好现有翻坝体系

宜昌翻坝体系提出已超过十年，这期间三峡船闸受拥堵困扰，翻坝的市场合理性存在疑虑，实际运作效果有差距。翻坝体系建设只有取得实实在在的成效，在施工拥堵期和项目完成后，方能更好顺应各方期待。下一步，宜昌应从应急翻坝和更广域时空上全面审视原体系，赋予其新的定位和功能，把过去以"水公水"为主的"小翻坝"，升级为以"水铁联运"和"水公水"相结合的"大翻坝"。通过"中央和三峡集团支持一点，省交投集团过路费减免一点，鄂渝两地政府补助一点"的办法，解决翻坝体系核心成本问题。当前要乘省政府大力支持的东风，加强与重庆密切合作，协调三峡集团参与翻坝体系，力争宜昌方案获得国家部委肯定。要从经济未来前景找到鄂渝两地同频共振点，从市场效益上实现项目业主、经营主体双赢。

三、抢抓新通道历史机遇，放大枢纽优势助力打造世界级宜昌

（一）科学认识新通道对宜昌的机遇与挑战

新通道建设对地区发展的影响，站在不同高度会得出不同结论。过去十多年面对三峡船闸拥堵，新通道是否上马经过长时间论证，主要原因是对未来通过船闸的货运量到底有多少，各方分歧较大。基于对未来发展的信心，在刺激经济加快复苏的大背景下，决策上马二通道，有其现实原因。从长远来看，全面畅通三峡船闸，即使未来出现船闸能力富余情况，也仍然是可以被接受的。国家站在长江经济带甚至国际国内两个循环的高度，推动项目加快推进，符合经济发展规律。

以重庆为代表的上游地区，一直积极推动新通道上马，他们更加关注三峡船闸的畅通无阻，至于船闸投资和未来是否可能闲置，则不是重点。近十多年来，重庆是国内对物流通道开辟实践最深，取得成效最明显的地区，向北的中欧班列、向南的西部陆海新通道均始于此。即便是重庆南北两个方向物流通道已经上升为国家战略，但他们仍然没有忽视向东的长江通道。重庆以物流带动产业，以产业带动城市的发展思路值得宜昌学习借鉴。

武汉以下的长江中下游地区，目前对新通道建设关注度相对较低。在经济一体化和以国内大循环为主的背景下，后期沿长江通道实现东西部物流和产业交换强度必然越来越大，这本身就是一个容易被忽视的机遇，宜昌应深入研究这方面变化。就新通道项目本身来看，除了必须做到局部服从全局，下级服从上级的基本原则外，要认清新通道对宜昌是机遇和挑战并存。挑战目前已初露端倪，如船闸"由堵变通"对宜昌物流枢纽底层逻辑的冲击，葛洲坝三号船闸废立对宜昌影响，船闸收费造成宜昌短途物流成本上升，等等。机遇包括宜昌再次成为国家重大项目实施地，通过新通道项目解决宜昌部分物流和城市建设问题，可以进一步与上下游地区形成新合作关系等。建议宜昌坚持系统思维，在强调机遇意识时，也要关注挑战，努力把机遇做大，把挑战转化。

（二）通过物流枢纽建设做大宜昌枢纽经济

充分认识国家物流枢纽的稀缺性。目前国家对一个城市的定位和称号通常分

为两类，一种主要针对城市发展质量，与城市的规模和重要性不直接相关，如文明城市、卫生城市等；另一种与城市规模和重要性直接相关，如国家中心城市、国家流通城市、综合交通枢纽等。而这一类定位在湖北省内，武汉均是独一档的存在，居于最高层，宜昌和襄阳、鄂黄黄同时处于第二档，甚至是第三档。而国家物流枢纽称号则是唯一例外，宜昌是湖北省仅有的首批国家物流枢纽。这一称号是对宜昌在长江经济带，因三峡船闸拥堵问题，成为最独特、最重要物流枢纽的认可，建议宜昌要重点放大好这一称号的效应。

图 3　课题组在三峡物流园调研

充分认识国家物流枢纽的先导性。党的十九大、二十大报告均从供应链安全、国家安全的高度，强调对现代物流先导作用的认识。宜昌地处中国中部，位于长江综合运输通道和二连浩特至湛江综合运输通道十字交会点上，因为叠加三峡船闸拥堵问题，具有建设国家物流枢纽的重大优势。建议以此为突破口，重点发挥好物流优势，实现城市能级跃升。当前主要措施是要借助新通道东风，举全市之力，快速建设国家物流枢纽，特别是要转变"重建设、轻营运"的思想，加快培育宜昌物流市场。当物流枢纽形成规模，其先导性作用就会进一步发挥，宜昌经济社会发展必然发生重大变化。

充分认识国家物流枢纽的集聚性。建设国家物流枢纽，大力发展作为第三产业的现代物流业，并不是一个地区的最终目的，而是应该通过打造物流成本洼地，吸引对物流敏感的产业向宜昌集聚，发展枢纽经济。宜昌已在这方面尝到甜头，如宁德时代重仓宜昌，实际也是因为宜昌靠近磷矿产地，其他原材料和产成品都可以通过长江水运这种低成本方式运输，两者其实都是物流问题。当前宜昌依托丰富磷矿资源，以磷化工为重点，推动现代物流与宜昌优势产业深度融合，是一个不断深化的生动案例。还可以通过发展快递物流，努力实现农业特色产品外运，实现乡村全面振兴。由此可见，以物流枢纽建设为抓手，大力发展枢纽经济，可以带动宜昌三次产业的全面发展。具体依托物流发展哪些优势产业，建议宜昌要在市委、市政府统一领导下，统筹发展改革委、经信、交通、商务、农业等相关部门力量，进一步转变思想，努力深挖，整体推进。

（三）加快融入西部开放开发新格局

深刻认识和把握国家改革开放格局的变化规律，努力让宜昌发展进入国家发展主升浪。我国对外开放的历程，可以初步划分为三个阶段：第一个阶段是20世纪八九十年代，以深圳为代表的特区开放，诞生了珠三角和深圳这样的全球城市；第二个阶段为世纪交汇期的上海，诞生了长三角，并让上海这个当年远东第一大城市焕发了新的生机，实现了我国沿海的全面开放；第三个阶段近十年至党的二十大提出的社会主义现代化初步实现的2035年，在双循环背景下，将是我国内陆对外开放格局重塑时期。哪个内陆城市认识早，认识深，起步快，无疑会在区域发展格局中抢得先机。

宜昌位居两大城市群之间，一个是拥有九省通衢地位，以武汉为代表的长江中游城市群，一个是深居内陆、长期是劳务输出大省的川渝地区。相较于珠三角、长三角和京津冀三大都市圈，两地发展成熟度不高。在历届省委的坚强领导下，湖北在建设中部崛起战略支点过程中，正在迅速缩小与发达地区的差距。而成渝地区借助南北两向新物流通道开辟，成为我国重点培育的第四个世界级城市群，彻底改变了中国改革开放的格局。宜昌上控巴蜀，下引荆襄，扼三峡综合交通运输通道咽喉，应顺势而为，搭上西部发展快车。

建议宜昌区域发展思路为：政治向东、经济向西、思想向南、生活向北。政治向东，就是在湖北省委坚强领导下，自觉落实湖北建设全国构建新发展格局先行区战略，拿出生动的宜昌实践。经济向西，就是按照王蒙徽书记要求，作为湖北代表加强与成渝地区合作，改变原来一江春水向东流的单向格局，演变成东西对进。思想向南，就是进一步向南方改革开放先行者学习，不断解放思想。生活向北，就是建设好宜昌长江大保护典范城市，让南方的绿水青山，成为吸引北方游客的金山银山。在这一思想指引下，以经济向西为例，在新通道建设背景下，宜昌的具体措施可以考虑：一是以库区深水航道为依托，全面融入西部陆海新通道；二是把宜昌的翻坝体系升级到鄂渝地区；三是双方共建双循环经济实验区，让宜昌真正成为链接两大城市群的合作纽带等。

枢纽经济和城市发展是一个系统工程，关键是一要有明确的指导思想，二要有具体的发展措施，三要有完善的落实机制，值得肯定的是在课题组调研过程中，宜昌各部门均有相对明确的目标和较好的思路。建议宜昌以物流为先导，以政治经济资源投入做保障，系统研究物流产业发展和配套跟进措施，集约各部门资源，全市一盘棋，一步一个脚印推进，未来世界级宜昌，必将诞生在这一江碧水之上。

课题组成员：
张明新　湖北省社科联党组成员、副主席
邓　为　湖北省社科院党组成员、副院长
叶学平　湖北省社科院经济所所长、研究员
王健飞　宜昌市社科联党组书记、主席
任小军　宜昌市物流业发展中心党组书记、主任
成德宁　武汉大学经济与管理学院经济所教授
陈淑云　华中师范大学经济与工商管理学院副院长、教授
谢　青　湖北省社科院经济所助理研究员

点评

为贯彻落实市委七届五次全会精神，推动"枢纽赋能"战略落地，省、市社科联组建联合课题组深入宜昌项目现场，围绕"做大做强枢纽经济，助力'打造世界级宜昌'——宜昌交通物流与优势产业协同发展研究"这一主题进行深入调查研究，最终形成《借势水运新通道 打造世界级宜昌》资政报告。报告获得宜昌市委、市政府、市人大、市政协等多位市领导的肯定性批示。

抢抓战略机遇　放大枢纽优势

宜昌市发展和改革委员会

宜昌是长江经济带重要节点城市，沿江综合运输大通道与二连浩特至湛江运输通道在宜昌交会，形成"黄金十字"，早在2017年就被确定为"全国性综合交通枢纽"。2018年4月，习近平总书记在武汉召开的长江经济带发展座谈上，提出"从综合交通运输体系全局出发，解决三峡船闸'肠梗阻'问题"。2018年11月，"长江三峡枢纽'大分流小转运'水铁公多式联运工程"成功申报"国家第三批多式联运示范工程"。2019年，宜昌获批全国首批、全省首个"港口型国家物流枢纽"。2021年12月，市第七次党代会提出加快建设"长江咽喉枢纽、区域物流中心"的目标定位。2022年10月，"三峡物流园、银岭冷链物流基地"成功入选国家第二批骨干冷链物流基地。2023年8月5日，市委七届五次全会明确实施"枢纽赋能"发展战略，依托世界级重大工程，打造内畅外联的高能级综合交通枢纽，大力发展枢纽经济，将枢纽优势更好地变成发展胜势。

一、加快建设三峡翻坝运输体系

近年来，宜昌市已规划建设以铁路、公路、管道链接坝上坝下重要港区的三峡翻坝综合运输体系，该体系既可缓解三峡水运新通道论证和建设期间的船闸拥堵问题，又可承担特殊自然条件下的三峡枢纽应急疏解功能。

（一）三峡综合运输体系情况

目前，宜昌市已规划形成"两路、两港、两铁、一管"三峡综合运输体系。总投资232亿元，累计完成投资140亿元，已建成项目5个。

"两路"，即江南、江北翻坝高速，江南翻坝高速总投资40亿元，已于2010年12月建成通车；江北翻坝高速总投资49亿元，已于2021年9月建成通车。"两港"，即坝上茅坪港、坝下白洋港，茅坪港年吞吐能力3500万吨，茅坪二期码头总投资8亿元，于2022年5月竣工投运；白洋港年吞吐能力2500万吨，白洋综合码头总投资 17.2 亿元，一期工程已于 2018 年 7 月竣工投运，二期工程基本完工。"两铁"，即江南翻坝铁路、白洋港疏港铁路，江南翻坝铁路一期正在建设，二期正在开展前期工作；白洋港疏港铁路已建成，于 2022 年 9 月正式投入试运营。"一管"，即江南成品油翻坝管道，项目起于秭归茅坪港，至宜昌枝城港，2022 年 3 月开工建设，计划 2025 年 12 月建成，设计年通过能力 800 万吨。

（二）铁路多式联运体系规划建设情况

1. 茅坪港疏港铁路（江南翻坝铁路一期）。项目起于秭归茅坪港，在宜万铁路宜昌南站与国铁接轨，线路全长 39.6 千米，2020 年 12 月开工建设，计划 2024 年 6 月建成通车，总投资 38.9 亿元，累计完成投资 17.6 亿元。茅坪港疏港铁路建成后，形成初级"水铁水"联运路径：茅坪港—茅坪港疏港铁路—宜万铁路宜昌南站—宜昌东站—鸦宜铁路—鸦鹊岭站—焦柳铁路—枝江站—紫云铁路—白洋港疏港铁路—白洋港、云池港、姚家港，形成茅坪港区至白洋港区"水铁水"联运通道。

2. 宜昌南至枝城港铁路（江南翻坝铁路二期）。项目起于宜万铁路宜昌南站，依次经过点军区艾家镇、宜都市红花套镇、高坝洲镇、五眼泉镇和枝城镇，止于枝城港站，是延伸国铁路网覆盖范围以及提升全线货运效益的重要铁路。线路全长约 62.3 千米，总投资约 58.24 亿元。目前已完成预可研评审，正在开展可研上报前置性要件编报工作。二期项目建成后，宜昌市"水铁水"多式联运体系形成大闭环的互联互通网系，茅坪港区、红花套港区、枝城港区、白洋港区，通过翻坝铁路、紫云铁路、枝城港疏港铁路等地方铁路，联通国家铁路网宜万铁路、焦柳铁路、汉宜铁路，形成横贯东西、通达南北、联通长江、衔接国铁灵活高效的多式联运体系，最大限度发挥宜昌全国性综合交通枢纽地位。

（三）成品油翻坝项目规划建设情况

项目由坝上码头和油库、长输管道、坝下码头和油库五部分组成，坝上码头和油库位于秭归县茅坪镇，坝下码头和油库位于宜都市枝城镇，长输管道全长 120.2 千米，途经宜都、点军、夷陵和秭归，2022 年 3 月开工建设，计划 2025 年 12 月建成投产运营，估算总投资 76 亿元，累计已完成投资 5.15 亿元。成品油翻坝项目建成后，形成三峡枢纽货运分流的成品油"水管水"危化品翻坝联运通道，以管道逐步替代船运，将对缓解三峡航运瓶颈制约，降低长江水污染和三峡燃爆风险发挥重要作用。

（四）三峡水运新通道规划建设情况

早在2013年8月，国家发展改革委、国务院原三峡办就组织有关单位研究水运新通道项目来解决三峡过闸拥堵问题，但进展较慢。2022年，根据国家相关部委要求，项目前期研究提速。2023年2月1日，国家发展改革委召集水运新通道项目推进工作组第一次会议。会议通报了《水运新通道项目可行性研究工作推进方案》，一是明确计划时间，2024年3月底完成可研批复，2025年3月底完成初设批复，2025年6月具备进场施工条件。二是明确了可研批复的13项前置要件办理的时间节点和责任单位为三峡集团和长江水利委员会。三是明确项目业主为三峡集团。四是明确水运新通道项目推进工作组组长为国家发展改革委基础司，副组长为水利部三峡司，交通运输部、自然资源部、生态环境部、湖北省等全力配合开展前期相关工作。

2023年4月，宜昌市委、市政府已成立了由市委书记、市长任"双组长"的服务三峡水运新通道项目领导小组，办公室设在市发展改革委，下设综合协调（发展改革委）、移民安置（水利）、三峡集团对接（三峡工委）、葛洲坝航运扩能（住建）、交通5个工作组，抽调专人组建了工作专班。目前，按照国家长江办进度安排，积极配合可研报告、前置要件、重大专题研究等前期工作，争取宜昌市线路诉求、移民征迁政策、三峡断面货物分类通行政策落地，推进三峡综合交通运输体系纳入三峡水运新通道建设先导工程，一并实施葛洲坝扩能与扩机项目。依托长江水运优势，积极建设大宗货物集散中心、大宗货物期货交割中心。谋划新建船舶航运绿色服务区，提升航运服务保障水平，打造世界级的绿色航运服务标杆。

二、加快构建"米"字形铁路枢纽

（一）铁路项目总体情况

1. 既有铁路。全市既有铁路34条593千米。其中国家铁路6条396千米，即郑万高铁兴山段、汉宜铁路、宜万铁路、焦柳铁路（货运为主）、鸦宜铁路（鸦鹊岭至晓溪塔）、鸦南联络线（鸦宜线至焦柳线南向联络线）。地方铁路2条39千米，即紫云铁路、白洋港疏港铁路。企业专线铁路26条158千米，主要有松宜铁路、枝城港区铁路、湖北省化铁路专用线等，其中松宜铁路为全市唯一具有危化品运营资质的铁路专用线。

2. 在建铁路。全市在建铁路 5 条 291 千米。其中国家铁路 2 条 176 千米，即沿江高铁荆门至宜昌段、宜昌至郑万高铁联络线。地方铁路 3 条 115 千米，即三峡枢纽茅坪港疏港铁路、当远铁路、田家河片区铁路专用线。

3. 谋划推进铁路。全市重点谋划推进铁路 16 条 705 千米。其中国家铁路 3 条 227 千米，即呼南高铁宜昌至常德段、沿江高铁宜昌至涪陵段、十堰至宜昌高铁。地方铁路 13 条 478 千米，即江南翻坝疏港铁路宜昌南至枝城港段、当远铁路至樟村坪（保康）延伸段、云池港疏港铁路、枝城港疏港铁路、七星台疏港铁路、市域（郊）铁路 R1、R2、S1、S2、S3、S4 线及城市轨道交通 1 号线、2 号线。

（二）全市铁路项目推进情况

2023 年上半年，5 个在建铁路项目完成投资 37.5 亿元。呼南高铁宜昌至常德段正式纳入国家"十四五"铁路发展规划，并被列为国铁集团 2023 年勘察设计计划储备项目。沿江高铁宜昌至涪陵段完成工程项目可行性技术审查，国铁集团原则同意宜昌线站位方案。国家发展改革委基础司已将沿江高铁、呼南高铁纳入 2023 年全国重大基础设施项目月调度清单。积极推动轨道交通预留等相关工作，轨道交通机场站预埋工程与三峡机场二期改扩建同步竣工，宜昌北站预埋工程与站房同步开工。6 条市域（郊）铁路纳入省级规划，初步完成 S1 线（猇亭—宜都）、S2 线（宜昌东站—枝江）、S3 线（宜昌东站—当阳）预可研编制。先后争取中省预算内资金 21.92 亿元、政府专项债 45 亿元。

三、加快打造高质量供应链物流体系

2022 年 7 月，省第十二次党代会提出，未来五年，全省要打造全国重要物流枢纽，实施高质量供应链物流体系建设三年行动计划，加快建设内外联通、安全高效、经济便捷、智能绿色、融合联动的现代物流体系。2022 年 12 月，省委经济工作会议提出，要更好地统筹国内循环和国际循环，深化改革、扩大开放，打造质量高韧性强的供应链平台，重塑产业链，提升价值链，建设高效率低成本的现代交通物流体系。

2022 年以来，市发展改革委按照全省供应链物流"成体系、降成本、壮龙头、上水平"总要求，围绕通道、枢纽、网络、平台、供应链金融、数字化等建设内

容，聚力提升全市供应链物流的基础支撑能力、数字化发展能力、综合竞争能力及平台服务能力。成立了由市长任组长，分管发展改革、交通、商贸、物流工作的副市长任副组长的领导小组，制定了《宜昌市高质量供应链物流体系建设工作方案》。市级层面每两个月开展畅通物流通道、做强物流枢纽、织密物流网络、做优市场主体、推进供应链金融、强化数字赋能六个方面62项任务的调度，省级层面每月报送打造数字化国际贸易平台、建设多式联运示范工程、打通高速公路断头路瓶颈路、开展供应链金融试点、引进头部供应链物流企业、组建湖北磷化工产业供应链平台公司等10个项目的调度。

目前，长江三峡枢纽"大分流、小转运"水铁公多式联运示范工程已通过交通运输部验收；宜昌港宜都港区枝城铁水联运码头一期工程已累计完成投资1.11亿元，年度投资完成率85.38%；依托中国人民银行征信中心应收账款融资服务平台（中征平台），宜昌已实现55.86亿元融资；2023年上半年，全市共签约物流类项目17个，协议投资额249.13亿元。签约项目中，10亿元以上项目5个，分别是投资110亿元的上海铁安实业发展集团有限公司农产品深加工及冷链综合物流项目，投资60亿元的宜昌市薛航三峡智慧航空产业园项目，投资31.28亿元的秭归脐橙产业综合物流中心项目，投资11亿元的硫酸、磷酸、盐酸存储销售项目，投资10亿元的5G+智慧供应链云仓数配项目，大项目实现了突破。

四、存在的主要问题

（一）"肠梗阻"问题仍然存在

三峡水运新通道和葛洲坝航运扩能工程建设周期长，三峡水运新通道建成前，待闸船舶将继续增加，葛洲坝航运工程施工期间，可能影响到二号船闸通航，届时船舶过闸时间将继续增加，荆江航道"瓶颈"问题将更加凸显。

（二）对外开放层级偏低

长江黄金水道、中欧班列、三峡机场航空口岸及各类开放平台整合利用不足，发挥通江达海优势推进对外开放不够。主城区服务国际交往、文化旅游、区域医疗、科教体育等功能设施不足，承接各类世界级、国家级高端论坛、学术年会等能力有限。外向型经济发展水平低，2022年外贸依存度仅为7.5%，低于全省11.5%的水平，远低于全国34.8%的水平。

五、有关建议

积极争取国家、省支持,将三峡综合交通运输体系(三峡枢纽茅坪港疏港铁路、三峡枢纽江南成品油翻坝项目等重点项目)纳入三峡水运新通道配套工程建设内容,对翻坝铁路、管道等重点项目给予政策、资金支持,作为三峡枢纽水运新通道的先导项目加快推进建设,尽快投产运营,形成较为完善的翻坝综合运输体系,保障水运新通道项目深化研究和建设期间的三峡断面货运疏解需求。

点 评

文章总结了宜昌市在建设三峡翻坝运输体系、"米"字形铁路枢纽、高质量供应链物流体系方面的进展和成绩,分析了宜昌在发展枢纽经济方面存在的主要问题,并提出意见建议,为宜昌更好地将枢纽优势变成发展胜势提供了决策参考。

宜昌抢抓三峡水运新通道机遇
打造全国性综合交通枢纽

谢五洲

一、水运新通道建设背景下宜昌交通面临的机遇

（一）有利于提升三峡水运能级，彻底破解三峡枢纽运输瓶颈

目前通过优化调度，三峡船闸通过能力达到1.42亿吨，水运新通道建成后通过能力不会低于目前五级船闸的能力，可以预计新通道建成后双通道通行能力将近3亿吨，而根据多家机构的预测，2050年过坝需求约为2.6亿吨，到那个时候我国工业化进程早已走过了快速扩张的阶段，过坝需求增长不会太明显。因此，第二通道建设确实可以一劳永逸地解决三峡枢纽的运输瓶颈问题。届时，5000吨级的船舶不需要在三峡枢纽做过多的过闸等待，可以从上海直抵重庆，长江水道真正变成了黄金水道，宜昌不再是长江的"肠梗阻"，而是长江中游贯通东西，接南纳北的重要节点环节。

（二）有利于宜昌港口航道基础设施建设提档升级

三峡水运新通道，按照现有的论证与规划，有三种备选方案，无论哪一种，都将是一项浩大的基建工程，初步估计投资超过500亿元，工程将历时8年才能建成。同时城区葛洲坝也要进行航道扩展，以保持与上游三峡双通道通过能力一致。随着通道通行能力拓展，大量的船舶将在宜昌港停靠、作业、补给、维护保养，港口及相关配套的基础设施也将随之配套扩能，坝上太平溪港、茅坪港，坝下白洋港、云池港、红花套港、枝城港等城区港口也将随之有针对性地开展建设，宜昌围绕长江水道运能提升，港口基础设施也将迎来提档升级的新机遇。

（三）有利于鄂西城市圈水路对接上海、重庆国际交通枢纽

没有新通道的情况下，鄂西地区（宜荆荆恩）被以宜昌为中心的两坝分割成

了坝上坝下两部分，恩施与坝上大宜昌地区向下的货源要么走水路通过三峡船闸和葛洲坝船闸，要么增加成本走公路，在过坝能力如此紧张的情况下，走水路会进一步加剧船闸堵塞，向上的货源也存在同样的问题。因此，新通道不仅可以打通宜昌的过境运输瓶颈，也可为以宜昌为中心的鄂西地区腹地交通物流高效过坝对接上海、重庆两大国际枢纽提供了便利条件。

（四）有利于水路为核心的宜昌港口型国家物流枢纽建设

2018年颁布的《国家物流枢纽布局与建设规划》，宜昌位列30个重点建设的港口型国家物流枢纽之中。2022年，国家又发布了《现代综合交通枢纽体系"十四五"发展规划》，湖北作为我国的中部大省，有6座城市入围其中，包括建设武汉国际性综合交通枢纽，5个全国性的综合交通枢纽，宜昌又一次位列全国性枢纽建设体系之中。三峡水运新通道建设将彻底打通长江水运三峡瓶颈，有力地推动以宜昌为中心的鄂西城市圈高效融入全国交通物流大网络体系，助推全国性交通枢纽与港口型国家物流枢纽早日建成。

二、水运新通道建设背景下宜昌交通面临的挑战

（一）直航过坝成主流过坝形态，翻坝转运设施将不同程度被闲置

三峡水运新通道按照设计，建成后加上现有的三峡船闸，年通过能力将接近3亿吨，新通道一旦建成，直航过坝的低成本优势将让那些大宗的成本敏感型货物全部选择直航过坝，市场的多样性也可能导致有一些交付时间有要求的货物，走一部分水道，然后在宜昌翻坝转运走铁路或公路以缩短交付时间，但可以预计，这部分货物不会太多。因此，可以预期，现在秭归的茅坪港、夷陵区的太平溪港、枝江的白洋港等翻坝港口的翻坝物流业务量将急剧地萎缩，配套的物流设施会不同程度闲置，造成巨大的浪费。

（二）宜昌区域性物流翻坝转运中心重新沦为过境城市的尴尬

三峡两坝的存对宜昌来说是发展物流的大好机遇。通过在宜昌建设翻坝物流产业园，可以逐步将通过性的"过坝"需求转化为坝区原生性"始发终到"需求，重塑以坝区为中心的长江中上游物流生态，宜昌成为扼守长江中游咽喉通道上的关键物流枢纽节点，随着第二通道建设决策的落实，宜昌目前业已形成的长江干线上的关键物流节点地位将被大幅度削弱，宜昌有可能重新沦为过境城市的尴尬。

打造内畅外联的高能级综合交通枢纽

（三）过境成主体的情况下如何形成水公铁交通物流合力

三峡水运新通道建成后，长江干线上宜昌段翻坝需求会大幅度下降，过境的物资将是主体，要从宜昌港上岸和下水的物资除了宜昌及其周边腹地基于自身经济发展所产生的物流外，可能有少部分基于时效与成本综合考虑需要翻坝水陆联运的物资。在这种情况下，如何形成与宜昌自身全国性交通枢纽相匹配的铁公水航交通物流合力，是非常值得思考的问题。

（四）宜昌在汉渝两个紧邻的国际性枢纽之间如何发挥交通全国影响力

宜昌处在几个重要的国家级物流枢纽之间，东离武汉只有300余千米，西离重庆600余千米，南距长沙也只有460余千米，北距襄阳更是不足250千米，向东的辐射范围大部分被武汉覆盖，向西只能抵达恩施地区，再往西部又会被重庆覆盖，向南的话，长沙距武汉只有350多千米，比宜昌更近约100千米，从运距和铁路成熟度上来看不利于吸收其货源。所以，从对腹地的辐射与影响力来看，宜昌所处的位置有些尴尬。在汉渝两大国际性交通枢纽之间，如何更好地发挥出宜昌的交通物流影响力，也是非常值得研究的问题。

三、水运新通道背景下宜昌全国性综合交通枢纽发展关键问题与对策

（一）翻坝变直航后水运优势如何有效惠及宜昌本土

1. 加强宜昌港口型国家物流枢纽建设，提升物流枢纽辐射功能

建成坝上坝下两大国家物流枢纽承载园区，深度融入"通道+枢纽+网络"国家物流运行体系，高起点建设宜昌港口型国家物流枢纽，加快完善三峡大坝下游白洋港后方白洋物流园和上游茅坪港后方物流产业园区物流及相关设施配套。强化两大园区双向物流服务组织化能力，以长江增量物流需求为主要目标，用枢纽间"干线+干线"、区域内"干线+分拨"的水陆联运，建设一体化运行平台，实现国家物流枢纽在三峡通道的高效联动运转。

2. 将翻坝转运设施改造并融入衔接区域腹地的集疏运网络体系

现有的翻坝转运设施，主要是围绕坝上坝下几大翻坝港口及相互之间的转运线来建设的，三峡水运新通道建成后，翻坝转运体系的转运需求将大幅度地萎缩，因此，要充分发挥目前翻坝设施的价值，应该将这些港口的翻坝功能向着为直接和间接腹地经济服务的方向调整，将翻坝设施与以宜昌为中心的腹地集疏运通道

网络体系对接起来，尤其要连接上依托水路运输的各大磷矿、锰矿、工业基地，将翻坝转运现有的基础设施优势充分运用到区域物流服务需求上来，为区域经济发展服务。

3. 加强与国际国内航运公司业务对接，将更多航线延伸到宜昌本土

宜昌基于自身经济总量以及夹在武汉重庆两大国际性枢纽之间的尴尬地位，挂靠宜昌港的航线，尤其是国际航线会相对较少。因此，要想让水路运输更好地惠及宜昌，我们要主动与各大国际国内航运公司对接，通过服务条件的改善和一些优惠政策的出台，吸引更多的国际国内航运公司航线挂靠宜昌港口，为宜昌本土的交通物流能够有效通达国际创造条件。

（二）如何充分发挥宜昌综合交通枢纽全国影响力

1. 加强外联的主干通道建设，联通全国的主要经济发达区

通过长江水道为主的立体交通走廊串联长江经济带各大港口枢纽，利用重庆港、上海港、宁波—舟山港的外联优势，将宜昌地区连接上陆海新通道、海上丝绸之路国际物流通道。通过十宜铁路、宜昌—保康等主干通道建设，连接新疆并联通丝绸之路经济带，通过宜昌至岳阳高速，宜昌至常德铁路的建设，连接福建海上丝绸之路核心区。依托二连浩特至湛江国家综合运输大通道，构建宜昌南北向对外快速交通物流大通道，重点强化与粤港澳大湾区物流通道的高效对接。加快推进呼南高铁宜昌至常德、宜昌至荆门至襄阳高速铁路建设，持续释放焦柳铁路运能，提升通道物流运输能力。加快建设宜昌至慈利高速公路，打通宜昌南下的高速公路物流大通道。另外，要打通东北西南走向的济南至昆明交通物流大通道，积极对接中原城市群、山东半岛城市群、黔中城市群、滇中城市群，重点推进郑州至万州客运专线宜昌段建设，加强西南地区与中原地区的沟通交流。

2. 主动融入周边国际枢纽，做好与周边枢纽的交通物流对接

宜昌要有效融入全国性交通物流网络体系，首先要打通与周边国际性交通枢纽之间的主干通道，有效对接包括重庆、武汉、西安、郑州等直线距离600千米之内的国际性交通枢纽。其次要打通与周边襄阳、长沙、怀化等全国性交通枢纽之间的交通物流通道。通过铁路、公路、水路、航空多种方式，实现与周边交通枢纽之间的高效对接，促进宜昌与周边枢纽之间的客货交流并进一步通过周边枢纽链接更大范围的全国交通物流网络乃至全球网络。

3. 积极筹划宜昌"江铁海"南向陆海新通道，打通南向出海便捷通道

以国家煤炭战略通道浩吉铁路建成后北煤南运运能提升与运输结构调整为契机，积极建言国家将原北煤南运主干通道焦柳铁路扩能改建为中部地区对接RCEP的南向快捷物流大通道，将中西部地区与东盟传统贸易物流通道"长江航运＋海上运输"在上海对接的"江海"联运转变成"长江中游航运至枝城＋焦柳线枝城至钦州港铁路运输＋海上运输"的"江铁海"联运，优化运输格局，将宜昌打造成长江中游对接RCEP的国际物流枢纽，长江中游"江铁海"南向通道国际班列多式联运组织中心。

（三）新通道综合交通新格局如何引领区域城市融合发展

1. 一体谋划"宜荆荆恩"交通路网体系，促进鄂西城市圈交通融合互补

以宜昌省域副中心城市为中心，统筹谋划"宜荆荆恩"城市圈交通网络体系，打造"环形＋放射"状的快速城际通道，积极推动干线铁路、城际铁路、市域（郊）铁路、轨道交通"四网"融合互补。建立"宜荆荆恩"交通行业管理协同机制，推进区域交通事务统筹协调，实现鄂西城市圈在交通规划、建设、运营等方面区域一体化统筹，同时在政策法规、跨部门查验互认、信息互通、资源共享等方面实现区域协调统一。

2. 在交通建设中突出水路运输在鄂西城市圈交通中的主通道作用

要以区域内的主要港口白洋港、姚家港、枝城港、荆州盐卡港、恩施巴东港为依托，加强陆水转换衔接的配套设施建设，加强公路铁路入出港的疏港系统工程建设，加强多式联运在区域内的推广与应用，在鄂西区域内实现以港口为中心，以深入区域腹地公铁集疏运网络体系为依托，将区域经济催生的交通物流需求尽可能多地引向长江黄金水道，降低物流成本，提升区域交通物流效率。

（四）新通道综合交通新格局如何有效赋能区域经济产业

1. 大力发展培育水运与港口物流相关产业，将交通优势培植为物流产业优势

依托港口物流园区大力发展大宗商品交易、物流集散中心等功能设施，引导太平溪物流园与秭归园区业务协同与整合，集中发展汽车、机械配件、大宗农产品等物流的集散、中转、加工、配送等业务。优化坝下云池港、红花套港、枝城港、姚家港、七星台港等物流设施功能布局，重点发展依托水路的集装箱多式联运、化工品、大宗矿建材物流；依托枝城港，大力发展煤炭中转、加工、区域配送为主的煤炭物流。同时，也要大力发展港口相关配套服务与产业，如港口船舶修造、维护，集装箱运输设备修造、维护，国际货运代理、保险、物流金融等物流配套产业。

2. 加强交通对鄂西旅游的支持，促进区域交通与区域旅游融合发展

重点打造"三廊·九环"，突出主题与特色，即318国道山水景观廊道、348国道交旅研学廊道、351国道原野生态廊道3个重点廊道和屈原故里求索环线、昭君故里香溪环线、两坝一峡西陵环线、清江画廊土家风情环线、一江两岸滨江环线、三国故地诗画环线、五西高原旷野环线、百里荒纯美环线、百里洲亲水竞技环线等9个各具特色的"美丽宜道"环线，串联66个主要景区［森林公园、特色小镇、历史遗址（迹）］，形成路景交融、功能完善、体验出色、距离适度、带动强劲、全国先进的公路生态风景线。

3. 加大交通对区域特色产业支持，助力鄂西磷化工产业链优化升级

鄂西是我国重要的磷矿产区，磷化工也是宜昌的支柱产业，区内兴发、宜化、新洋丰、三宁化工等大型化工企业带动了一大批上下游相关企业的快速发展，形成了以地方特色磷矿资源为源头的磷化工产业链，成为区域经济竞争力提升的重要支撑。整个磷化产业供应链的上游都在山区，而这些地方刚好是我们交通物流基础设施建设最为薄弱的地区，矿运公路等级低，山区水运码头规模小，机械化、自动化程度低，制约了磷化工产业的发展。因此，宜昌交通枢纽建设，要大力发展山区交通，提升山区交通基础设施的技术水平，打通矿区物流外运通道，服务地方特色支柱产业发展。

（作者单位：三峡大学经济与管理学院）

点 评

文章分析了三峡水运新通道建设背景下，宜昌综合交通枢纽建设的有利条件、面临的现实挑战，并提出了在此背景下宜昌全国性综合交通枢纽建设的构想，需解决的关键问题与相应发展对策，为宜昌打造内畅外联的高能级综合交通枢纽提供思路。

打造具有独特魅力的世界文化旅游名城

讲好世界级故事打造世界级宜昌的路径探析

中共宜昌市委党校课题组

2023 年 8 月，宜昌市委七届五次全会通过《关于推动城市和产业集中高质量发展 加快建设长江大保护典范城市打造世界级宜昌的实施意见》。

作为位居长江经济带重要位置、拥有"大国重器"三峡大坝、世界文化名人屈原等独有资源的宜昌，以"打造世界级宜昌"为目标，是遵循城市演进规律、顺应国家战略、符合禀赋特点的时代必然和历史选择。如何"打造世界级宜昌"？笔者认为只有精准把握世界级宜昌的定义，明确打造世界级宜昌的优势，才能找到创新打造世界级宜昌的路径。

一、精准定义世界级宜昌

（一）世界级宜昌不等同于打造传统的世界级城市，而是中国式现代化的创造性实践

宜昌既不具备雄厚的经济实力、巨大的国际高端资源流量与交易，也暂未达到在文化、制度与意识形态的上吸引力和说服力，与传统的世界级城市相比还存在较大差距。当今时代，世界格局"西强东弱"态势依旧，但"东升西降"趋势越发明显。中国正以中国式现代化道路的实践探索创造人类文明新形态。基于此，世界级宜昌是对湖北加快建设全国构建新发展格局先行区、加快建成中部地区崛起重要战略支点的宜昌探索。实施以流域综合治理为基础，统筹推进四化同步发展，以高水平保护推动高质量发展、创造高品质生活，宜昌所描绘的是不同于西方式现代化的新图景，是中国式现代化的创造性实践。

（二）世界级宜昌是顺应发展趋势，引领世界生态文明发展潮流的未来之城

当前人类已迈入生态文明时代，可持续发展是核心理念，实现人与自然和谐共生是全人类共同的价值追求。中国自古讲究"天人合一""象天法地"，这是

人与自然和谐共生的思想基础。"一半山水一半城"的宜昌作为习近平总书记长江经济带发展的"立规之地"，坚持生态优先、绿色发展，围绕建设长江大保护典范城市开展了行之有效的实质性探索，我们有信心、底气和动力后来居上，超越西方城市。不比体量比质量，不比规模比规格，不比品相比品位，文明迭代后的新宜昌是引领世界生态文明发展潮流的未来之城，将为世界城市发展探索新思路，提供新样本。

（三）世界级宜昌是建设美好生活栖居地，被世界瞩目、全球欢迎、世人向往的美好城市

绵延6000多千米的长江之上，"山城"重庆、"江城"武汉和"大都会"上海各美其美，备受世界瞩目；宜昌融合三城特征，集绝美山水、超级工程、现代都市于一体，美人之美，美美与共，这是建设美好生活栖居地、打造世界级宜昌的现实基点。作为长江中上游分界城市，怀抱"一带一路"和长江经济带两大"世界级"战略，在以中国式现代化全面推进中华民族伟大复兴的关键历史节点和构建人类命运共同体的时代背景之下，宜昌将创造更加美好的城市，拥抱更加美好的生活，向世界瞩目的来电之城、魅力之都蝶变。

世界级宜昌要跳出"现代化=西方化"的迷思，以中国式现代化的宏大视角，结合资源禀赋、立足发展实际，坚持以人为本，实施以生态文明为底色的发展战略，把宜昌打造成独树一帜、国际认同的"特长生"，增强全球辨识度，使之成为生态文明的参与者、贡献者和引领者，成为新时代展示中国特色社会主义制度优越性的重要窗口。重点在于，冲破川鄂咽喉的束缚，打开全球视野的格局，拥抱更加开放的世界，扩大世界级的影响力和传播力。用全球认可的话语体系，讲好世界级的宜昌故事，突出"我们能给世界带来什么"，从推广宣传走向价值输出，拿到世界级"入场券"，融入世界级"朋友圈"。

二、生动讲述世界级故事

（一）宜昌拥有世界级的三峡故事

雄伟的瞿塘峡、惊险的巫峡和秀美的西陵峡紧密相连，构成了举世瞩目的长江三峡，也是世界上唯一能通航的峡谷，可与"世界之最"美国科罗拉多大峡谷相媲美。三峡区域水能资源丰富，宜昌是世界水电资源最富集、开发前景最好的地区之一，除三峡水利枢纽工程外，还拥有水电站468座，以全国0.2%的土地

装备了全国7%的水电装机容量，宜昌被誉为"中国动力心脏"。大坝蓄水后，长江三峡自然风光与水利枢纽人文景观相互交融，造就了"高峡平湖"的世界奇观。在三峡工程修建过程中，20多万建设者夙兴夜寐、顽强拼搏，139万三峡移民"舍家为国"，移民干部"报国安民"，立下不朽功绩，构成了一部团结协作、爱国奋斗的精神史诗。

（二）宜昌拥有世界级的文化故事

宜昌的屈原是中国浪漫主义文学奠基人、中华诗祖、辞赋之祖、爱国主义诗人，也是一位杰出的政治家和思想家。屈原创作的骚体诗为世界文学贡献了华彩篇章，其爱国、求索精神为中华民族提供了丰厚滋养。1953年，屈原同波兰的天文学家哥白尼、法国文学家拉伯雷、古巴的作家何塞·马蒂成为世界和平理事会号召纪念的"世界四大文化名人"。1938年10月，武汉保卫战失利，大批人流、物流从各地涌向西南，来到宜昌。40天内的"宜昌大转运"，让拥塞在此的数万人和10多万吨的物资被运往重庆，保住了当时中国的工业命脉，为持久抗战提供了经济保障。1943年石牌保卫战的胜利是中国抗日战争的重要节点，为民族解放事业打下了坚实基础，深刻影响了世界反法西斯战争的格局与走向。

（三）宜昌拥有世界级的生态故事

宜昌地处长江上、中游接合部，生物种类多样，有种子植物5582种，全市已知陆生脊椎动物610种。作为三峡水库坝区生态屏障和长江流域生态敏感区，宜昌切实扛起政治责任，努力建设长江大保护典范城市。自2018年启动长江大保护行动以来，全市"关改搬转"沿江化工企业134家，13家省级以上工业园区及73个建制乡镇实现污水处理设施全覆盖。长江干流国考断面水质优良比率从2016年的88.9%提高到2017年的100%，并稳定保持地表水环境质量Ⅱ类标准。长江干流云池断面2022年总磷浓度0.045毫克/升，较2016年下降66.7%。被誉为长江流域生态环境"指标生物"的江豚长期安居宜昌，已由2015年的5头增长到23头。建立中华鲟自然保护区和中华鲟研究所，积极开展三峡库区珍稀植物迁地保护和繁殖。随着地质灾害的持续治理和水库周边水土环境变化趋于平衡，宜昌库区地质逐渐进入稳定期。生态溢出效应明显，常年5℃水温的江水从库底流出，与大坝兴建前20℃的水温相比，产生了15℃的温差能量。加之良好的水库蒸发和扩散条件，湿润环境持续外溢，极大改变了西北地区的干旱状况。

三、创新打造世界级宜昌

宜昌自然与人文相得益彰、传统与现代完美融合，闪耀着开放、创新、多元、包容的光芒。在国际化浪潮中，要勇立潮头、开拓进取，充分发挥自身独特的生态、文化、区位等非对称优势，增强世界影响力，走向全球、融入世界，建设世界级"生态文明城""诗意栖居地""旅游目的地"。

（一）讲好生态故事，打造世界级生态文明城

1.构筑生态保护的修复范式。完善生态环境保护责任制度，健全生态保护修复制度，创新资源高效利用模式，构建现代环境治理体系。加快长江岸线修复和生态环境保护，推进长江大保护典范城市建设，守护一江碧水东流。大力推广矿产资源综合利用、水体污染治理、矿山复垦与生态修复、污染土壤治理与修复技术，打赢蓝天碧水净土保卫战。分片实施山水林田湖草沙一体化综合治理，打造防污护绿的宜昌样本。探索林业碳汇计量、核算、交易机制，争创国家林业碳汇试点城市。充分发挥宜昌良好的生物物种多样性和生态资源优势，做好中华鲟、江豚等濒危动植物保护守护工作，申请加入联合国"人与生物圈计划"，向外展示宜昌世界级的生物图景。努力争创世界"生物多样性魅力城市"，入选"自然城市行动平台"。

2.探索绿色产业的未来形态。积极承接国家战略，加强与上海电子化学品专区对接交流，加快建设世界一流的电子化学品基地，推动现有磷化产业向高端迈进，打造世界级磷化中心。谋划建设宜昌综合性大健康研究院，形成覆盖技术研发、临床试验、示范应用等全链条融通发展的国家级创新平台，打造生命健康产业增长核心。支持城东U谷生物医药孵化器同省内外重点高校院所、科技服务机构组建"教育科技人才创新联合体""产业转化创新联合体"，推动医工结合技术创新、科技成果转化。继续放大现有产业优势，招引新能源产业沿链企业，推动新能源电池、动力总成和高端装备制造持续攀升，打造世界级新能源电池产研基地。加强与三峡集团合作，培育水力发电装备、输变电及电力自动化设备为主的新能源与能源设备企业群和产业群，形成集研发、教育、生产、观光为一体的世界级新能源及电力技术创新产业基地，打造"世界电都"。引进能源头部企业，大力发展页岩气产业，建设国家级页岩气主产业示范区。

3.打造低碳生活的东方样本。大力发展绿色建筑，把科教城、东部未来城打造为全国碳中和样板。构建"轨道交通＋快速公交＋慢行系统"绿色低碳出行体系，持续提升绿色出行比例。加快绿色低碳关键技术攻关，建强三峡实验室等科创平台，构建创新主体和绿色人才培养体系。持续优化利企便民数字化服务，推进"一网通用""一网通办""一网统管"建设，实现从"最多跑一次"到"一次都不用跑"的转变。大力倡导运动、低碳、朴实、绿色的健康生活方式，建设一座让人心旷神怡、心驰神往的未来之城。

（二）讲好文化故事，打造世界级诗意栖居地

4. 建设诗意公园之城。遵循城市山之怡情随性、水之柔情慵懒的特点，把滨江地区作为城区稀缺资源，着力打造文化深厚、特色鲜明、功能完善、服务高效、富有活力的山水城市。以长江为主轴，建设"活力北岸、风景南岸"，以新颜塑新型；精准推进中心城区城市更新项目、东部未来城新建项目，以新城强新产；加强城市适老化改造、建设全龄友好型城市，支持三峡大学建设"双一流"大学，积极招引国内外著名高校来宜创办分校，实现教育聚人、产业聚人和人居留人。吸引八方来客，以新人筑新城，形成山水环绕、人城相依、蓝绿交织、产城融合的发展新样态。

5. 建设诗意信仰之地。以屈原文化研究院为平台，寻根诗歌基因，创作一批弘扬屈原精神的优秀作品；高品质推进屈原诗歌广场、诗人浮雕群等场景建设，将城市项目建设转化为诗词篇章的意境表达，彰显诗城颜值；面向全球举办屈原文化传承活动，探索举办全国大学生"屈原杯"诗词创造大赛、诗歌诵咏比赛，让诗意浪漫之都成为宜昌的新标签；借助《中国之声》等权威媒体来一场《跟着声音去宜昌》的徜徉山水的浪漫之旅，向外界传递穿越千古时空的屈原诗意。邀请国内知名作曲家来宜采风创作，力争形成一首宜昌之歌唱响全国、风靡全球。

6. 建设诗意朋满之都。全面增强三峡大坝、屈原文化两个世界级 IP 与宜昌城市品质的黏性，刷新外界"只知三峡、端午，而不知宜昌"的刻板印象。以"世界四大文化名人所在地"等文化符号为纽带，推动文化交流，扩大世界级"朋友圈"，打造文化交融共同体。加快建设"屈原文化国际交流传播中心"，推进屈原文化研究国际论坛永久会址建设，举办世界文化名人学术论坛、屈原文化诗歌论坛，向外展示屈原文化的独特魅力，传递宜昌文化穿越千古的浪漫主义情怀。

（三）讲好三峡故事，打造世界级旅游目的地

7. 全力提升"两坝一峡"新能级。把"两坝一峡"打造成为极富文化底蕴的世界级旅游景区和旅游度假区、长江国际黄金旅游带核心区，探索推进宜昌全域旅游，推进观光旅游向休闲度假转变，景区旅游向全域旅游转变，旅游产品向旅游产业转变。加快现有景区扩容升级，协同开发三峡工程"一区四镇"，全景开发三峡人家，整合开发三游洞（西陵峡），打造三峡遗产风景带（宜昌段），建设G348三峡公路风景道，聚集打造环坝5A景区"航母战斗群"。在挖掘"绿色"资源的基础上，深挖留存于山水间永恒不灭的"红色爱国印记"。做好"水"文章，引进国际大型亲水乐园项目，打造世界水上运动赛事基地。强化与上海、南京、武汉、重庆等沿江国际旅游城市的合作，开辟长江全景游，共同舞动长江国际黄金旅游带。

8. 着力培育世界级核心吸引物。将屈原文化公园打造成长江国家文化公园的重要支撑，推进屈原文化研究国际论坛永久会址建设。在磨基山或东山上建设宜昌地标，打造享誉中外的"宜昌之眼"。做好"万里茶道（五峰段）"申报世界文化遗产的后续工作，推动"关公文化史迹"申报世界文化遗产、丹霞地貌申报世界自然遗产。引进国际知名酒店和品牌运营商。持续强化西陵峡、三峡大坝等地理标识与城市宜昌之间的黏性。面向全球征集优秀绘画、摄影类艺术作品，推动"宜昌元素"上纸币。增强三峡竹枝词、珙桐、"金钉子"地质遗迹等资源的影响力，争取进语文、生物、地理教材。鼓励宜昌市博物馆牵头开发以太阳人石刻为代表的文博纪念物走向全球。以VR、AR等新技术活态呈现宜昌历史。与知名数字厂牌、设计公司合作，持续开发各类NFT数字藏品。争取与LEGO、POP Mart等文化创意公司合作开发城市限定系列产品，扩大宜昌城市吸引力和知名度。

9. 打造世界级内陆开放新高地。进一步挖掘长江黄金水道潜力，整合优化港口资源，构建"铁水公空管"多式联运体系。利用长江航运优势，向东直通上海、武汉对接"汉新欧"与东北亚，向西直达重庆对接"渝新欧"，以水为媒，通江达海，链接全球。远期开通"宜新欧"，推动焦柳铁路扩能升级，向北经边境口岸可达远东，向南直抵北部湾出海口面向南半球，形成连接欧亚的"大陆桥枢纽"。推动三峡机场形成"欧亚直达"国际航线网络，将其打造成内陆国际航空港。建立起无障碍、多通道的全球链接体系，打造"移动的世界级宜昌""轨道上的世界级宜昌"。

讲好世界级的宜昌故事，是让世界读懂中国的重要载体，也是打造世界级宜昌的重要支撑。让绿色、生态、开放的理念世界共享，让未来的宜昌呈现中华文化之美、展示长江文明之魂、彰显现代文明之风，成为世界生态文明的标杆，展示中国式现代化的重要窗口。

（课题组成员：邹青松、龙会忠、张文宇、文小莉、周望、胡晓玲、梅峰、屈敬平）

点 评

文章对世界级宜昌进行了精准定义，指出要将宜昌打造成独树一帜、国际认同的"特长生"。同时，要立足宜昌的资源禀赋，讲好宜昌的三峡、文化、生态故事，并从建设世界级"生态文明城""诗意栖居地""旅游目的地"三个方面提出了详细具体的对策建议。

建好用好宜昌城市滨江
推动长江大保护典范成果的价值转化

阚如良　刘子瑜

宜昌是一座因水而生、依水而兴的滨江城市，城市滨江承载了宜昌展现城市形象、维系山水文脉、促进绿色发展、满足生活休闲的功能，在建设长江大保护典范城市中意义非凡。从当前来看，宜昌城市滨江建设成效显著、亮点频出，已逐步探索出一系列可信、可学、可鉴的经验，但也存在亲水性、烟火气、数字化、品牌度不足的问题，城市滨江的独特价值还需进一步提升。由此，迫切需要明晰宜昌城市滨江在建设长江大保护典范城市中的使命、经验和路径，建好用好宜昌城市滨江，推动长江大保护典范成果的价值转化，加快打造万里长江最美滨江风景线，为"两山理论"价值实现提供实践样本。

一、宜昌城市滨江在长江大保护典范创建中的使命

（一）宜昌城市滨江是长江大保护成果的展示窗口

宜昌是长江上游和中游的分界点，长江有232千米在其境内，具有肩负三峡坝区生态屏障和长江流域水生态安全的重大责任，地位特殊、意义重大。尤其是2018年4月24日，习近平总书记考察长江、视察湖北，首站到宜昌，明确提出"首先立个规矩，把长江生态修复放在首位"，宜昌作为长江大保护的立规之地，其保护成果受全国关注。城市滨江是长江生态文明的重要观测站，是浓缩了一个城市生态、生产、生活等地理空间形态的综合岸线，如何打造好城市滨江，发挥好城市滨江对生态文明成果的展示和分享作用，对于推动长江大保护典范城市建设具有重要意义。

（二）宜昌城市滨江是城与山水和谐相融的重要领地

宜昌处在中国阶梯地形二、三级分界线上，当万里长江奔行至此，"峡尽天

开朝日出，山平水阔大城浮"壮美图像豁然呈现，大江中流，江南磨基山、荆门山等与江北主城面向呼应，勾勒出宜昌"一半山水一半城"的全景式长卷。目前，宜昌正立足长江枢纽推进现代化城市建设，按照党的二十大报告对"中国式现代化"的要求，其要义之一就是人与自然和谐共生的现代化。宜昌滨江作为城市建设和山水营造的重要领地，是两者的交融过渡地段，通过城市滨江空间更好地实现触摸长江生态肌理，构建起保山护水、显山露水、城与山水和谐相融、天人合一的滨江生态画廊，将成为宜昌城市建设的关键内容和重要加分项。

（三）宜昌城市滨江是推动城市旅游发展的价值平台

国家"十四五"规划、"十四五"旅游业发展规划要求打造一批文化特色鲜明的国家级旅游城市和街区，结合当代旅游消费的趋势和特征来看，依托城市打造主客共享的美好空间已成为文化和旅游发展的重要命题。作为城市门户和窗口的滨江区域，是宜昌城市最发达、最繁荣的区域，也是生态、人文、商业、配套等资源富集地，具有强大的包容承载力和持续更新力，是推动宜昌城市旅游发展的价值平台。打造世界级宜昌，建设世界级旅游目的地，借助文旅消费实现长江大保护成果的价值转化，助力绿色产业升级，城市滨江要借势发挥好城市旅游的前沿阵地作用。

图1 宜昌城市滨江

（四）宜昌城市滨江是共同缔造美好生活的公共空间

习近平总书记指出"城市是人民的城市，人民城市为人民"，强调城市建设要以人民为中心，聚焦人民群众的需求，为人民创造更加幸福的美好生活。人类从逐水而居开始，就天生具有亲水情结，城市滨江作为城市亲水地，加上生态廊道、亲水平台、文化景观等一系列去边界化的体验场景，自然成为百姓休闲、游客体验的美好空间。宜昌市正努力建设具有"国际范、山水韵、三峡情"的滨江公园城市，依托城市滨江实现"还江于民""还岸于民""还景于民"，打造有文化、有温度、有人情味的公共空间，将极大增强人们幸福感、获得感，并引领广大群众共同缔造美好生活。

二、宜昌城市滨江在长江大保护建设的实践探索

宜昌城市原有滨江段由于建设时间跨度长、建设标准不统一，导致各段风格各异，整体协调性和连贯性较差，许多封闭掐断的节点一度为市民所诟病。随着建设长江大保护典范城市的号角吹响，城市滨江推动葛洲坝公园至猇亭古战场25千米贯通一线，围绕"做优主城、做美滨江、做绿产业"的思路，突出"以境聚人、以人聚产、以产兴城"的理念，努力呈现一派"山水辉映、蓝绿交织、人城相融"的景象。

（一）以系统观念推进长江岸线整治修复和擦亮生态底色

全面打响长江大保护攻坚战，打出化工企业腾退、码头取缔清理、长江岸线整治、岸坡生态复绿等系列"组合拳"，拆除码头15座，征迁腾退企业134家，征收村民房屋113户，美化长江岸线实现"一带串十景"的华丽蝶变，有效破解了"化工围江"问题，将长江沿岸还岸于民、还绿于民，为市民提供优质生态岸线的空间供给。一度濒临灭绝的长江江豚如今频繁亮相宜昌城市滨江，用微笑为宜昌生态点赞，成为宜昌建设长江大保护典范城市的"见证者"。

（二）尊重山水肌理为城市保留和融入好山好水好风光

厚植"一半山水一半城"的生态本底，坚持"品位高、品质好、品相美"原则，通过保山护水、治山理水、显山露水优化城市风貌、活化城市脉络，通过分段分区打造，逐步形成上游"风情峡江"、城区"山水秀城"、下游"诗画田园"的滨江生态画卷。同时推动长江夜游夜景灯光提升工程，借助长江游船和磨基山，以光为笔、以影为墨，打造山影与建筑流光溢彩、游船与水岸遥相呼应的迷人夜景，勾勒出宜昌版"千里江山图"。白日的绿水青山与夜晚的车水马龙交相辉映，一幅山水人城融合的美好画卷精彩呈现。

（三）持续植入文化景观、文旅消费业态和节庆活动

将屈原文化传承发展作为宜昌城市品牌战略来抓，以屈原文化的突破性发展带动昭君文化、巴楚文化、长江文化等文化形态百花齐放，建设屈原广场、昭君文化广场、江豚广场、灯塔广场、龙舟献福广场等多个大型广场，对沿线标识、休闲座椅、服务驿站等植入地域文化，大大增强了长江宜昌段文化的辨识度。同时丰富城市旅游内容，建设橘子元宇宙、宜红茶室等消费场所，引进剧本杀、网红餐厅、网红秋千、水幕电影等青年人喜欢的新业态，城市滨江逐渐成为宜昌消费的新去处。举办长江大保护可持续实践艺术展、新春国潮灯会、烟花秀等大型节庆活动，节目荟萃、游人如织，宜昌滨江成为长江文化演绎与分享的大舞台。据统计，灯光秀加持夜游让游客在宜昌停留时间延长1.2天以上，直接或间接为宜昌贡献旅游收入过亿元；其中2023年宜昌滨江新春灯会人气爆棚，7天来游园人数高达27.5万人次。

（四）以人为本系统性重构休闲生活需要的公共空间

坚持人本化逻辑，围绕人的全面发展需要，宜昌城市滨江在建设阶段就探索引入社会力量共同参与，综合利用公开征集、调查问卷、现场交流等多种方式，了解群众需求，做到"民有所呼，我有所应"。通过有机融入群众所需要的娱乐、休闲、健身等新型业态，大幅度提升城市滨水空间环境品质以及生态价值，实现了市民游憩、教育、社交、文化感知等生活愿景，打造有景致、有底蕴、有温度、有趣味的人气滨江空间。同时延伸和扩大滨江公园的范围、功能和内容，推动城市公园建设引领公园城市发展，加强市民可触可感可进入的幸福体验，全面提升城市文明程度和市民文明素质，让市民精神文化生活更加丰富多元，助力形成"人、城、境、业"高度和谐统一的现代化城市。

宜昌滨江通过不断提档升级，实现了华丽蝶变，现已成为彰显市民生活品质和城市文明的靓丽风景线，但从建设长江大保护典范城市的使命来看，目前仍有提升空间，主要表现在：一是亲水性还不足，滨江建设多以静态展示和陆地活动为主，亲水空间还较缺乏，互动体验不够；二是烟火气还不浓，滨江沿线联排住宅较多，具有地方特色的消费业态配套和生活化场景构建还较为匮乏；三是数字化还不够，地方文化多以墙绘、雕塑、小品等传统展示方式为主，还缺乏新技术应用形成的数字化体验；四是品牌度还不强，还没有整体包装形成具有高识别度、高知名度的品牌，对外传播还不充分，城市滨江名片需要进一步擦亮。

三、长江大保护典范成果宜昌城市滨江的价值转化路径

（一）营造滨江立体空间，勾勒人城水岸友好互动情景

将城市滨江融入城市的生长与更新体系，构建"水上游船线、岸上绿道线、沿江巴士线"滨江立体空间。大力推广"长江三峡1号"纯电动游轮，创新开发一批观光游览型、休闲度假型、主题娱乐型、文化创意型等游轮。创新长江文化与长江游轮相结合的模式，推出"屈原号""昭君号"等特色主题游轮，成为"水上博物馆"。畅通自行车道、亲水步道为主体的滨江绿道，配套智能便捷的生态停车场（带），加快口袋公园、游乐基地、生态绿地、休闲廊道、开放营地、活动广场、健身场地、便民驿站等公共休闲空间建设，提升亲水性。推动打造沿江观光巴士线，配套语音播报系统，介绍沿途景色和长江大保护成果，让游客充分体验"慢游宜昌"的旅游特色。

（二）彰显宜昌文化标识，塑造有温度的全龄休闲环境

高水平建好屈原文化公园，充分挖掘宜昌城市调性和文化底蕴，提炼长江生态文化、屈原文化、昭君文化、码头文化、地方非遗、诗歌艺术、钢琴元素等文化符号，通过陈展、复现、点缀、创意、体验等多种方式创意融入，将城市滨江打造成为一座卷轴式"活态博物馆"。因地制宜配置一批文艺角、书店、茶吧、咖啡厅、文创集市、帐篷营地等场景，并完善旅游标识、休闲座椅、服务驿站、旅游厕所等公共服务设施，形成青年人聚集、社交、创造的活力空间。高品质打造"水岸互动"的长江夜游（游船）休闲特色产品，创意音乐喷泉、水幕电影、焰火表演、光影水舞秀等夜地标。设置开放式网红直播空间，常态化开展传统音乐、舞蹈、戏剧、技艺、民俗、焰火等系列非遗文化表演及节庆活动，让宜昌滨江成为全龄皆宜，充满烟火气的休闲空间。

（三）提升科技赋能水平，构建沉浸式的智慧体验场景

运用数字技术充分展示城市自然与人文内涵，推动现有实景内容向沉浸式内容移植转化。积极开发数字化体验产品，推出"云上滨江"线上场景，发展沉浸式互动体验、虚拟展示、智慧导览等新型服务。探索利用智慧投影、体感捕捉、可触摸屏等设备以及5G、VR/AR、人工智能等技术，打造一批虚拟娱乐场馆、数字文博体场馆，设置重要景观、历史文物、非遗场馆全景图像或三维场景的在线虚拟体验，引入智慧跑道、AR望远镜等设施配套。提升城市滨江夜游的科技

运用，加强滨江夜景灯光设计，充分利用声光电等技术，依山就水创作一批精品演艺、剧目、秀场。推进智能停车场建设，支持车牌识别、停车引导、反向寻车、自助缴费等功能，提升智慧服务水平。

（四）加强整体品牌建设，打造长江大保护典范城市地标

实施城市滨江品牌塑造与传播工程，展现可感知、可体验、可消费的滨江形象，打造国内一流、独具魅力的滨江公共空间。推动将城市滨江纳入长江流域综合治理和统筹发展整体规划当中，列入长江国家文化公园重点建设项目。支持城发集团对滨江区域整合优势资源，进行适度商业化开发，统一开展宣传活动，提升城市滨江品牌的对外知名度和美誉度。加快把宜昌城市滨江创成国家级夜间文化和旅游消费集聚区，探索优先创建国家4A级景区，成为城市旅游发展的核心吸引物，推动"绿水青山"转化为"金山银山"。同时立足大平台、大流量，精心举办好光影秀、水舞秀、烟花秀、国潮秀、新春灯会等大型节庆活动，高频率推介城市滨江品牌，让世界看见宜昌城市滨江的美丽与诚意。

（作者简介：阚如良，湖北名师，三峡大学经济与管理学院教授，宜昌市人民政府文化旅游专家顾问；刘子瑜，三峡旅游职业技术学院教师）

点 评

文章系统总结了宜昌城市滨江在建设长江大保护典范城市中的使命及在长江大保护建设的实践探索，客观分析了在此背景下宜昌城市滨江还需提升之处，并提出了相关的建议，为推动长江大保护典范成果的价值转化，打造世界文化旅游名城提供参考。

空间生产视角下屈原文化赋能宜昌城市品牌塑造与传播研究

王琳霞　伍　丹　刘　勤　刘伟华　李孝配

宜昌市委七届五次全会明确提出，打造具有独特魅力的世界文化旅游名城。屈原文化是宜昌最亮丽的城市名片、精神标识和文化品牌。要让屈原成为宜昌永恒的文化地标，把宜昌打造成屈原文化的权威阐释地、标准制定地、活动聚集推广地，必须将文化资源优势高质量转化为城市品牌战略优势。

一、宜昌屈原文化资源梳理与城市品牌属性分析

（一）宜昌屈原文化的物质资源

乐平里是屈原的诞生地，至今仍保留着大量关于屈原的遗迹遗址，如屈原庙、屈原故里牌坊、乐平里牌坊、香炉坪、屈原宅基、读书洞、照面井、玉米田、擂鼓台、灵牛耕田、捣衣石、楚王井等，有"屈原八景"之称，周围原始生态环境保存较好。从三峡库区中抢救搬迁过来的屈原祠、江渎庙、青滩古民居群、悬棺等为代表的原峡江文化古迹，被国务院认定为"第六批全国重点文物保护单位"。三峡大坝开建后，新屈原祠分为山门、东西碑廊、屈原文化馆、屈原衣冠冢等几个部分。

（二）宜昌屈原文化的非物质资源

屈原是中国浪漫主义文学的奠基人，对后世诗歌产生了深远影响，每年三闾骚坛诗会都会在屈原故里乐平里浪漫登场。屈原的爱国主义思想，"美政"追求，极具时代特征和个人意志的世界观、人生观、价值观、美丑观、善恶观、荣辱观，为社会主义核心价值观的形成提供了深刻的思想内涵与精神基因。屈原思想和以纪念屈原为核心内容的中国端午节及其传说等非物质资源是最贴近人民生活，最能体现屈原文化时代性、传承性和生命力的载体，为宜昌塑造城市品牌形象提供

了极富创造力的元素宝库。

（三）宜昌屈原文化资源的城市品牌属性分析

根据不同的类型和性质的城市在国际、国内所发挥的政治、经济或文化作用，以及城市自身的个性特点，将城市品牌属性分为政治型、经济型、交通型、文化型、旅游型、人居型、产品型七类。屈原文化属于宜昌独有不可替代的文化遗产，且显示出极高的旅游资源价值，因此，同时具备文化、旅游两种城市品牌属性，屈原文化将成为宜昌打造文化旅游型城市品牌的"强心剂"。

二、构建屈原文化生态多维空间与动力机制

（一）构建屈原文化生态多维空间

1. 地理空间生产的承载力

在新型城镇化建设和乡村振兴进程中，以优秀文化浸润城市与乡村的骨骼、肌理，为文化生态空间的发展提供足够的承载力。秭归县应当重视对屈原文化地脉的抢救及保护，在地理区位上形成屈原文化保护开发的空间载体，主动将屈原文化生态空间的建设规划纳入当地整体规划布局中。从乡村到城市，逐步打造一批景观小品、精品建筑、历史文化街区、非遗体验场馆等城乡骨骼，让屈原成为城市形象的"地理名片"。

2. 政治空间生产的保障力

政府的空间权力为屈原文化生态空间提供宏观力量，是空间形成和发展的基础保障。第一，利用政府与市场之间宏观调控与市场调节的协调统一关系，吸引足够的资本投入到屈原文化生态空间建设中；第二，通过权力行使制度、规划、运行、程序等能力，为屈原文化生态空间建设提供公共基础服务；第三，利用城市间的竞争合作关系，广泛传播屈原文化品牌影响力。

3. 社会空间生产的传承力

强调文化生态的地方性空间，将屈原文化元素印刻在城乡居民的普通生活中，让屈原文化落地生根，通过屈原文化生态空间的建设营造浓厚的社会气氛，尤其是与人民生活息息相关的就业、医疗、教育、体育、文艺等民生工程紧密相连，抓住非物质文化遗产助力乡村振兴、就业增收的社会关注要点，切不可将空间与人民生活割裂形成孤立个体。

4. 文化空间生产的引导力

文化生态空间生产不仅源于赖以存在的区域性地方因素，还源于因共有价值理念而形成的互联网空间关系。通过文化创意产业的发展培育"屈原文化"的靓丽品牌，用"互联网＋屈原"的创新思维培育发展一批动漫、影视、网游、自媒体、公众号等创意产业，助推宜昌文化产业转型升级，将屈原文化与现代城市文明相融合，充分发挥文化空间的引导、优化作用。

5. 经济空间生产的驱动力

市场作用下资本的集中、创新和转移，驱动投资、生产、消费的良性循环。屈原文化生态空间的建设发展要与城市的社会经济发展同步规划，需要进入市场经济中接受投资、生产和消费，创作和生产受市场欢迎的屈原文化主题产品，将第一、第二、第三产业融合发展，促使空间的持续重组和生产，最终达到资本增值的目标。

（二）构建屈原文化赋能城市品牌的动力机制

屈原文化生态多维空间包含了地理、政治、社会、文化、经济等多个维度多个层次多个空间，城市品牌的塑造与传播关键是依靠利益相关者持续不断地运营与推广，才能让文化生态多维空间具有凝聚力、吸引力和辐射力，从而获得可持续健康发展的城市品牌，构筑城市核心竞争力。因此，可以从利益相关者角度出发构建屈原文化生态多维空间赋能城市品牌的动力机制。

1. 核心利益相关者创造屈原文化城市品牌

城市品牌的核心利益相关者主要有各级政府、各类组织（企业、机构等）、本土城乡居民，核心利益相关者在生产生活过程中利用有效资源创造屈原相关的文化品牌、产业品牌、产品品牌、社区品牌以及旅游品牌等，共同组成屈原文化城市品牌，形成品牌的基础内涵和价值。

2. 外部利益相关者关联屈原文化城市品牌

城市品牌的外部利益相关者主要有宜昌周边省市地区、外来商务（包括投资商、开发商、建造商以及外来务工者等）、外来客流（包括普通消费者、求学者和游客等）、上级部门、合作竞争组织以及媒体等，外部利益相关者关联屈原文化城市品牌，受屈原文化城市品牌的吸引，产生聚集效应，形成品牌效益溢价和延伸。

3. 屈原文化生态多维空间支撑屈原文化城市品牌

根据对屈原文化物质和非物质资源的梳理，分析得出屈原文化同时具备文化、旅游两种城市品牌属性，是塑造宜昌城市品牌的不二之选。构建屈原文化生态多维空间，是希冀能从地理、政治、经济、社会、文化五个方面形成空间生产力，利用空间本身的生产和利益相关者的生产共同完成对屈原文化城市品牌的塑造与传播。

4. 文化生态空间和利益相关者赋能城市品牌的动力关系

核心利益相关者和外部利益相关者相互作用、相互影响，形成对屈原文化生态多维空间的合力，构成城市品牌的核心内涵，使得三个圈层分别产生对屈原城市品牌的基础价值、核心价值和社交价值，三个圈层之间产生良性互动与资源流通，将城市品牌生态链与社会链有效嫁接，将城市品牌推向社会的大舞台历练，三大圈层交叉覆盖才能形成城市品牌的社交网络，圈层交融程度越高才能形成新价值，构成屈原文化城市品牌更新迭代和可持续发展的原动力。

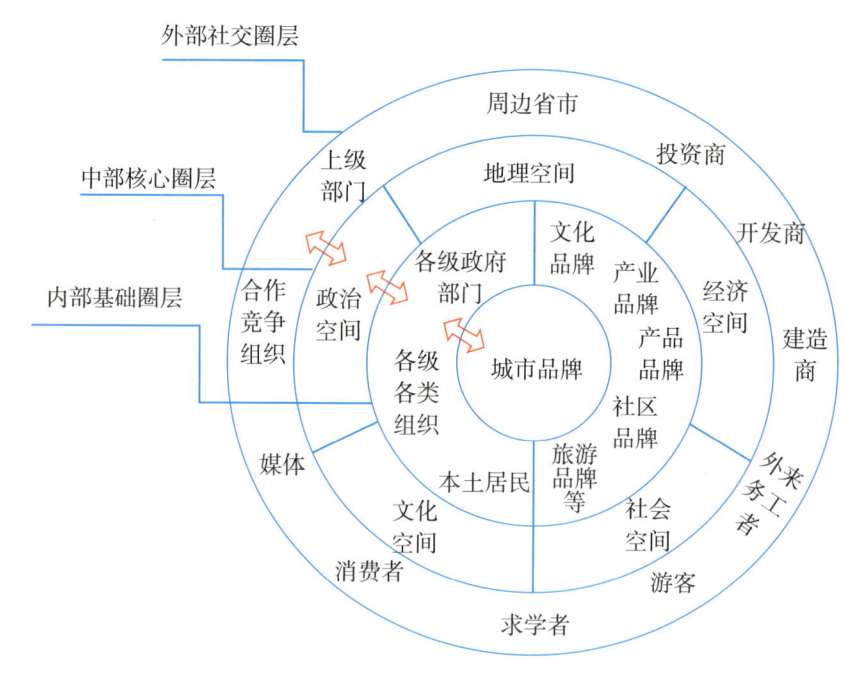

图1 基于文化生态空间和利益相关者的城市品牌动力架构

三、屈原文化赋能宜昌城市品牌塑造与传播策略

（一）屈原文化品牌定位与IP形象塑造

屈原，是世界文化名人，文学成就极高，极富浪漫主义色彩，但同时他又无惧无畏，誓死与黑暗势力斗争，矢志不渝、刚正不阿。因此，他的整体人物性格和形象就与诗词一样，动静相宜。城市品牌是需要IP形象的，可以看作是一座城市的"文化符号"，这个符号是具有独特内涵和故事性的，使品牌受众在众多IP中准确识别，而且IP具有强延展性，有利于品牌的可持续经营。从地理位置看，宜昌素有"三峡门户""川鄂咽喉"之称，屈原文化、峡江文化、楚文化在这里相互交融共同发展。因此，应该打造宜昌"诗与山城"城市品牌。

图2 "诗与山城"城市品牌IP形象设计

"诗与山城"城市品牌IP形象，突出四个核心元素：屈原、三峡、三峡大坝和龙舟，描绘一幅山水画——屈原站在"诗"与"山"之间举杯邀明月，以诗言心，以诗明志，表达他对光明的向往、对美好的憧憬和对世人的关怀；屈原脚下的三峡、三峡大坝和龙舟共同构成动静结合的峡江文化、非遗文化；人、山、坝、舟，就这样恰如其分地融入诗与山城中。"诗与山城"城市品牌IP形象，集浪漫与活力于一身，如诗与山一样动静结合、虚实结合、自然与文化结合。

（二）构建屈原文化品牌"一核两翼三圈四群"立体传播格局

1. 一核：屈原故里文化生态空间，保护品牌

（1）创建国家级屈原文化研究机构

首先，整合资源，广纳人才，在宜昌建设国家级屈原文化研究机构和基地，强化屈原文化研究力量。其次，组建屈原文化保护研究专项组，实施屈原文化资源普查工程，对屈原故里的物质和非物质文化资源进行全面普查摸底，对屈原祠流失的文物进行追缴、登记和管理，对遗址遗迹进行现场勘察记录；实施屈原文化记录工程，编修《屈原村志》和《屈原家谱》，对乐平里历史、屈姓历史以及

非物质文化遗产代表性项目和代表性传承人进行全面系统记录。最后，加强屈原文化重点实验室建设，设置专项社科规划课题和配套资金支持，提高屈原文化学术期刊质量，加强屈原文化相关出版工作，定期举办国际性屈原文化保护年会、学术会议等。

（2）创建屈原文化特色档案库和文化传承体验馆

利用现代技术建设屈原文化数字化档案库，促进档案数据依法向社会开放，加强档案和记录成果的社会利用，鼓励社会力量参与兴办传承体验馆，形成包括非物质文化遗产馆、传承体验中心（所、点）等在内，集传承、体验、教育、培训、研学、旅游等功能于一体的传承体验设施体系。

2. 两翼：乡村振兴工程和城市文明工程，传承品牌

（1）屈原文化融入乡村振兴工程

促进屈原文化保护利用与中国民间文化艺术之乡、全国乡村旅游重点村、历史文化名城名镇名村、全国"一村一品"示范村镇建设等国家战略有效衔接，重点做好屈原故里乐平里的生态修复和乡村振兴规划，深入开展"德育"主题教育实践活动，创新百姓大讲堂、农村文明随手拍、农民素质争优赛、农民诗会、楚辞吟诵会等途径，引导广大农民领悟屈原文化精神内涵，让"乡风文明"为乡村振兴注入"文化力量"。

（2）屈原文化融入城市文明工程

实施城市形象识别提升工程，在宜昌市的道路、桥梁、广场、公园、学校等命名、景观、宣传方面精心推广。首先，可以选定一条主要道路和一个中心广场以屈原命名，初步形成屈原文化的区域性地名阐释谱系；实施社会主义核心价值观宣传工作提升工程，挖掘屈原文化与社会主义核心价值观的契合点，常态开展屈原文化进机关、进校园、进企业、进社区、进网络等活动，推动屈原爱国精神、民本思想、求索品质、法治理念深入人心；实施城市精神文明提升工程，打造老百姓喜闻乐见的屈原文化戏曲、话剧、电影、音乐、美术、读本、图册等文化精品。

3. 三圈：教育圈、媒体圈、文化圈，利用品牌

（1）将屈原文化纳入教育体系

将屈原文化贯穿国民教育始终，构建课程体系和教材体系，出版屈原文化通识教育读本。在中小学开设屈原文化特色课程，鼓励建设国家级屈原文化特色中小学传承基地。加强高校屈原文化学科体系和专业建设，支持有条件的高校自主

增设硕士点和博士点,建立屈原文化大师工作室,培养专业研究人才。

(2)打造屈原文化融媒体体系

建立融合新闻语境下的屈原文化跨媒体传播模式,鼓励形成自媒体、新媒体、融媒体多元化传播体系,除了传统媒体,要通过短视频、AR、微剧、微综艺、微电影、动画、漫画等方式,诠释屈原作品,发挥精神引领、道德教化、文化涵育的社会功能。

(3)联通海内外文化传播体系

利用海外华人的关系,借助孔子学院的地位和影响力,在海外华人华侨中大力传播屈原文化,借船出海走向世界。鼓励各驻外使领馆、海外中国文化中心、驻外旅游办事处、中资企业以及海外侨胞和出国留学人员等积极开展屈原文化的宣传推广活动,达到"让世界了解屈原,让世人记住屈原"的效果。

4.四群:文化产业群、旅游产业群、乡村产业群、康体产业群,创新品牌

打造"诗与山城"屈原文化品牌系列,塑造屈原文化大IP形象,在新闻服务、出版、广播影视、文化艺术、网络文化、文化休闲娱乐、数字文化、创意文化等方面形成新业态;推动屈原文化与旅游高质量融合发展,推出一批具有鲜明文化特色的主题旅游线路、研学旅游产品、节庆旅游产品、夜间演艺作品和美食文化产品;促进屈原文化非遗项目和非遗技艺市场化、商品化,搭乘秭归"中国脐橙之乡"、屈姑饮食文化品牌等名誉快车,培育乡村文化产业市场主体;利用端午习俗、徐家冲港湾国家级龙舟训练基地、长江三峡国际龙舟拉力赛等节庆活动、体育赛事,创新龙舟文化和康养文化品牌。

(作者单位:湖北三峡职业技术学院、宜昌市屈原学会)

点评

文章基于对宜昌屈原文化的物质和非物质资源的调查梳理,分析得出屈原文化具有文化型和旅游型双重城市品牌属性,将空间生产理论和利益相关者理论运用到城市品牌塑造中,构建屈原文化多维生态空间和利益相关者动力机制,为屈原文化、城市品牌等方面的研究提供一定的理论借鉴。

文旅融合　一体推进三峡水上旅游高质量发展

梁　锴　刘海鹰　陈　华　韩　越　谭之亮

近年来，宜昌城市旅游"空心化"问题受到广泛关注，其体现在旅游与文化、农业、林业、工业等相关产业融合不够，旅游产品仍以观光游览为主导，休闲度假旅游产品不足。旅游收入主要依赖景区门票及住宿、餐饮、交通等直接消费，文化娱乐、购物休闲等综合带动消费有限，"门票经济"现象较为突出。这原因是多方面的，包括宜昌文旅提升规划缺位，同质化发展现象突出，品牌意识不强；旅游企业、旅游景区景点多而散，文化元素挖掘不够充分，整体文化主题不清晰；对于文旅品牌的商业价值认识不足和商业变现模式单一，"住、娱、购"综合发展相对滞后，旅游产品开发及产业链延伸不足；沉浸式体验场景感知极弱，主题互动体验较少，游客缺少兴奋点，旅游品质不够；专业人才及知识产权服务缺失等。

宜昌市委七届五次全会明确提出，打造具有独特魅力的世界文化旅游名城，把建设"世界文化旅游名城"作为未来宜昌的"三大功能定位"之一，这充分彰显了市委基于区域、全国、全球高度，谋定宜昌文旅产业高质量发展的宏阔视野。聚焦目标定位，科学把握战略内涵，现提出如下意见建议，供决策参考。

一、面向人民美好生活，贯彻新发展理念

党的二十大报告提出，"以中国式现代化全面推进中华民族伟大复兴""贯彻新发展理念是新时代我国发展壮大的必由之路"。这为新时期中国经济社会发展明确了目标和路径，也为推动旅游业高质量发展提供了新思路和新指引。

（一）强化宣传引流，发展文化旅游

宜昌的文旅资源是相当丰富的，在宣传工作方面需要改变思路，放弃全都想要宣传到的想法，避免出现大量无意义、缺少记忆点的风景片，这种主观认为"我想给观众的都给了"是对市场不了解不熟悉的怠慢。宣传要主抓亮点，比如宣传

片可以当下时尚的汉服元素为主题——"汉服女孩在宜昌",给观众带来美好想象和期待,拔高城市形象。

在深挖"网红城市"这一点,宜昌要找准城市定位,挖掘自身地理位置特点、环境特点及人文特点,以抖音、微博、小红书等社交媒体平台为载体孵化本地网红,实现面向全市、面向全省、面向不同省份以至面向全国进行不同产品定位的差异化"吸粉",最终在每个细分领域打造自我强化的网红经济。

图1 至喜长江大桥夜景

(二)坚持创新引领,发展智慧旅游

所谓高质量发展,就是从"有没有"转向"好不好"。要实现高质量发展就离不开持续的创新,要实现好的创新就离不开挖掘旅游行业"以人为本"的本质特点。

一是要抛弃原来只看景观资源的认识,认识到"环境资源"和"社会资源"等新理念,认定宜昌"宜人之城 昌盛之地"的生活底蕴就是最好的旅游吸引,宜昌市民的生活方式是最富有吸引力的旅游资源;二是要把单要素差异的旅游产品部分提升为全要素差异的旅游产品,在三峡坝区和游轮等推出全方位差异的旅游产品,同时在完善要素产业的基础上,推出关联产业和融合产业;三是在旅游路线设计及营销上要实现从"吸引眼球"到"拨开心扉",再到"触动心灵""释放情怀"的逐级提升;四是要加快建设三峡地区绿色低碳发展示范区,推动长江大保护典范城市建设成势见效。

二、打造旅行美好航程,构建宜昌旅游发展新格局

大众旅游进入全面发展新阶段,个性化、品质化和多样性消费特征更加明显,

消费场景更加多元。旅游消费已经从目的地概念走向目的地、客源地并重，行前、行中和游后贯通的新格局。

（一）行前：挖掘宜昌九码头文化，打造三峡水上旅游美好航程起点

"长江三峡，风光无限，它是长江风光的精华，神州山水中的瑰宝。"而宜昌九码头依偎在长江三峡温暖的怀抱，是宜昌码头文化的代名词。当下，三峡游客中心位于宜昌九码头原址，是三峡地区最大的游客集散中心，旗下现有"交运·两坝一峡""交运·长江夜游""交运·景区直通车"等服务，开通了到达三峡大坝、三峡人家、清江画廊、三峡大瀑布、清江方山、车溪、柴埠溪、屈原故里以及其他景点的旅游线路。因此，在宜昌九码头附近以三峡码头文化为契机深度挖掘宜昌旅游资源，将有很大空间提升旅客在宜昌留下来的意愿。

图2　长江上的游船

（二）行中：重视旅客游玩体验，享受三峡水上旅游美好航程

2018年1月1日起，重庆至宜昌三峡游轮不再通过三峡船闸。宜昌市政府和长江三峡通航管理局全力支持集中整合"两坝一峡"游船运力，在船舶待闸常态化的情况下实行"两坝一峡"和"夜游宜昌"游船通过葛洲坝船闸、升船机"随到随过"的绿色通道政策，"两坝一峡"旅游成为宜昌旅游的"独特资源"，休闲观光游轮经济成为宜昌经济发展的新增长极。在此背景下，挖掘"两坝一峡"的独特旅游资源，关注青少年研学旅行、中老年旅居康养、农村居民观光休闲等出游市场，推出符合其消费偏好和支付能力的产品服务，创造更多人文、科技、研学等新型旅游体验场景，是突破长江游轮同质化的重要之举。

（三）游后：加强文旅产品链接，助力宜昌由旅游过境地向目的地转变

长江三峡水上生态旅游"两坝一峡"项目立足实际，依托国内一流、国际知名的山水旅游名城、水电旅游名城、文化旅游名城及三峡国家级旅游度假区的建设目标，拓展文化旅游、红色旅游、乡村旅游等重点领域，推进旅游与科技、工业、教育等多领域融合发展，开发更具国际吸引力的产品矩阵，提供更具国际吸引力的服务品质，打造更具国际吸引力的三峡品牌，助力宜昌由旅游过境地向目的地转变，为宜昌建设高品质、国际化的世界旅游名城，促进水路旅游客运高质量发展贡献力量。

三、持续完善旅游治理体系，大力推动文旅融合发展

在自助出行、自主消费的时代，游客依然需要传统的旅行服务商，也离不开本地生活服务商、基础设施、商业环境、公共服务等。基于团队和观光的传统旅游发展模式以及与之相适应的行业监管方式正在面临根本性变革的压力。旅游行政主管部门不仅要抓旅行社、导游、星级酒店、A级景区和度假区，更要着眼于游客满意度高不高、经营主体竞争力强不强、旅游发展动能新不新，全面推进组织变革、技术创新、干部和人才队伍建设，构建大众旅游全面发展新阶段的旅游业高质量发展新体系。新时代的旅游产业政策应着力推动旅游与国民经济各行业、社会发展各领域的多元业态耦合，推动更多基础设施和公共服务进入旅游业。

（一）整合宜昌旅游资源，打造以"一半山水一半城"为主题的产品矩阵

矩阵，是一个数学术语。在数学中，矩阵是一个按照长方阵列排列的复数或实数集合。而旅游是人民群众深入了解和感知历史文化资源、提升文化理解和认同、引发情感共鸣、增强文化自信的重要渠道。旅游的发展，能推进文化资源的有形化、可视化、体验化和故事化开发，让文化以更贴近百姓生活的形式为更多人所理解和感知，进而内化为人民群众的文化认同和文化自信。文旅矩阵就是要整合现有资源，产生集聚效应，形成文旅产业集群，释放文旅融合潜力。挖掘宜昌旅游资源，打造产品矩阵，不能只存在管理人的构想中，要关心文旅企业的发展，了解游客朋友们的心声，对此可以使用"集章打卡"模式（类似于宜昌年卡）进行试点，在高铁站、机场、酒店甚至商店等旅客较多的场景推出"宜昌文旅集章攻略"，多场景多产品联动给游客带来实实在在的惊喜与便利，带动宜昌旅游新风潮。

着眼"两坝一峡"文旅集聚区、融合"高峡平湖"新三峡美景、放眼"长江

三峡"黄金旅游带，以长江三峡系列游轮、高峡平湖系列游轮以及省际豪华游轮为载体，围绕"资源、资产、资金、资本"四大形态，串联沿线旅游景区、寻机择优整合并购，逐步开辟长江全景游、三峡全程游以及跨省游轮度假线路，实现长江三峡水陆旅游体系全面构建。此外宜昌要用好"屈原文化""昭君文化"两大文化招牌，充分挖掘"屈原文化""昭君文化"的精神内涵，利用宜昌市非物质文化遗产资源丰富的优势，创造性打造文化街区、旅游演艺、旅游文创商品，以及文旅小镇、主题公园和旅游节庆活动，以文化吸引力带动旅游业发展。

借助"两坝一峡"产品航线对宜昌中心城区、"两岛一湾"建设区以及三峡旅游新区等多区域的辐射覆盖性，通过旅游港口服务体系、产品矩阵供给体系、产品分层服务体系、智慧旅游服务体系等多体系建设，积极搭建旅游产业服务共享平台，带动区域沿线民宿酒店、乡村度假、休闲娱乐以及各类文旅消费业态百花齐放，以平台吸引流量、以产业带动经济、以效益改善民生，最大释放三峡旅游产业在"做优主城、做美滨江、做绿产业"中的综合优势和带动效应。

（二）直面难题，为企业纾困解难

宜昌旅游的核心要素发展不足，旅游供给不完善，在吃、购、住、娱等方面集中度不够、规模不足、特色不鲜明、品牌力不强，对游客还没有形成核心吸引力。宜昌有打造世界旅游名城的基础和条件，但是宜昌旅游更多依赖的是资源禀赋，如何以游客为中心，让不同消费人群，尤其是年轻消费群体"进得来、留得住、不想走、还想来"，这方面还有很大发展空间。

一方面是关注企业现实经营困难。一是人才储备问题，在人员招聘上，技术岗、管理岗、技术船员、普通船员等需求缺口较大，因对技术船员，特别是对湖北籍、宜昌籍的高级技术船员获取信息渠道较窄，存在需求与招聘困难之间的矛盾。在船员培训上，目前船员培养暂无政策支持，船员岗前取证考试费用较高，加之普通船员数量多、流动性大，企业培训费用负担较重。二是船舶建造问题。存在新能源船舶造价成本高问题。"长江三峡1"号旅游客船投入运营后，宜昌"电化长江"整体进程加快，公司设计新建的游轮要求必须采用新能源方案。而目前暂无新能源船舶建造支持政策，投运后经营压力逐步显现。此外新能源船舶配员标准亟待明确。目前仅有对船舶最低安全配员有相关要求，为确保安全，公司对新能源船舶人员均实行高标高配。三是垃圾处理问题。随着游轮旅游市场复苏，船舶日产垃圾量近1吨，目前在两坝间和宜昌九码头三峡游客中心水域都没有水上垃圾接收船配套，船舶垃圾转运暂无更好的解决方式，完全靠人工肩扛担挑，存在垃圾转运工时长、成本高、影响旅客体验等服务质量的问题。四是需要政策支持扩展旅游项目，如两坝间不允许夜航，三峡人家景区里的渡船不能航行，无法扩展夜游旅游项目等。

另一方面是面向未来，主动科学应变。三峡工程二通道建设期间将对公司船舶通过葛洲坝船闸的效率带来很大影响，需深刻分析三峡枢纽水运新通道和葛洲坝航运扩能工程建设实施期间，客船通行受限对"两坝一峡"产品运营的影响，提前规划好"两坝一峡"产品运力调配与营销重点，做好太平溪港和三峡游轮中心泊位计划、组织管理工作，并协同请示上级有关部门予以支持，借助葛洲坝扩能工程之东风，同步实施建设葛洲坝升船机，在满足旅游客运船舶快速通行需求的同时，为宜昌打造又一鲜活生动、闻名遐迩的旅游新地标、城市新名片。

文化旅游业作为就业机会多、带动系数大、综合效益好的综合性产业，其在扩大消费、提振内需、拉动经济方面具有不可替代的作用，是宜昌最有基础、最有前途的朝阳产业。发挥好文化旅游业的战略性作用，必须强化"用户思维""游客体验"，持续提升"吃住行游购娱"服务水平；以"主客共享"理念推进城市公共设施建设，提升旅游服务标准化国际化水平；将加大文旅项目招商引资力度，积极培育以品质生活体验和共享为主的新业态、新消费，大力发展夜间经济、假日经济、网红经济等，以此积极推动宜昌旅游从门票经济向产业经济转变，由过境地向目的地转变，由资源消耗型向高端高效型转变，由"卖山水"向"卖文化""卖体验"转变，加快实现宜昌文旅产业"量""质"双提升，把文化旅游打造成为战略性的支柱产业。

（作者单位：长江三峡通航管理局）

点评

文章认为推进三峡水上旅游高质量发展是推进宜昌城市旅游高质量发展的重点，应该从"面向人民美好生活，贯彻新发展理念""打造旅行美好航程，构建宜昌旅游发展新格局""持续完善旅游治理体系，大力推动文旅融合发展"这三个方面着手，助力打造世界文化旅游名城。

宜昌市社会科学界联合会

打造人城景业融合共生的绿色低碳城市

突破性解决宜昌人口问题对策建议

"促进人口长期均衡发展 打造区域性活力中心"课题组

近年来，宜昌人口生育率持续降低，老龄化问题日益加剧，人口形势十分严峻，已经成为制约经济社会高质量发展的重要因素。根据市委统一部署，2023年6月4日至8日，燕元沂同志带领城市引人聚人专项考察组赴成都、苏州考察学习，为突破性解决宜昌人口问题提出对策建议。

一、聚焦"生"字，大力营造婚育友好环境，让育龄夫妇愿生想生

1. 培育新型婚育文化。整合宣传部、卫生健康委、工会、共青团、妇联等部门力量，形成宣传合力，着力营造良好的婚育文化和生育环境。在宣传内容上，大力倡导尊重生育、适龄婚育、优生优育、夫妻共育，破除高价彩礼，弘扬家庭美德的婚育文化，让文明健康的婚育新风更加深入人心。挖掘和传承"敬祖传后"的中华传统文化，赋予新时代血脉传承的内涵，逐步重塑生育文化，在全社会营造有家庭、有孩子的幸福感。在宣传方式上，迭代宣传理念，多借助短视频、微信、游戏、微博等新媒体平台，植入新型婚恋观、生育观、家庭观等文化元素。开展群众喜闻乐见的婚俗文艺作品展演展播，讲好新时代美好爱情、幸福婚姻、和谐家庭故事。在宣传载体上，将新型婚育文化元素嵌入共同缔造、全国文明典范城市创建、城市公园建设、老旧小区改造，打造多种沉浸式场景，点滴入微、润物无声地影响和改变青年群体的婚育观念。

2. 加大青年婚恋服务力度。聚焦各类青年群体的不同需求，拓展线上线下服务平台，通过建立单身青年数据库、组建公益志愿服务队、常态化举办联谊交友活动、开设婚恋学校等措施，广泛搭建相识相知平台，促使广大青年热爱生活、走进婚姻。

3. 保障育龄妇女合法权益。督促各类用人单位严格执行《女职工劳动保护特别规定》，不得因女职工怀孕、生育、哺乳而降低其工资、予以辞退、与其解除

劳动或者聘用合同。加大生育产假、育儿假、配偶护理假等落实力度，增加女性生育后再就业机会，为女性生育提供法律和政策保障。倡导实行弹性工作制度，优先考虑孕期和照护3岁以下婴幼儿女职工的实际需求，为女性更好地生育子女提供便利。

4.优化一孩激励政策。一孩生育的萎缩和推迟以及养育体验较差，是拉低社会生育水平和影响再生育的主要因素。目前生育支持政策主要聚焦二孩三孩，针对一孩的相对不多。要通过优化政策，从全周期、全过程的视角设计生育支持政策措施，避免出现一孩不补、二孩少补、三孩多补的差异化递进式支持政策，不断巩固一孩生育"基本盘"，提高一孩家庭生育的获得感和再生育意愿。

5.出台住房奖励政策。对在宜户籍生育二孩、三孩的家庭，购买商品住房（不含二手房、小产权房）的给予适当奖补。比如：生育二孩家庭购房奖补25平方米，生育三孩奖补50平方米，孩次可叠加享受，试行有效期3年。

6.降低人流比，保护育龄妇女生殖健康和生育力。出台《宜昌市保护育龄妇女生育力若干措施》，在医疗卫生机构开设生殖健康和心理咨询门诊，在助产技术服务机构设立专用的避孕与人工流产门诊咨询室，实行人流预约登记制，对非医学需要人工流产对象提供有效医学建议，降低出生人流比，减轻人工流产对女性健康和生育能力的损害。

7.加大辅助生殖扶持力度。提供个性化、差异化的生育指导和辅助生殖技术服务，将诊疗必需、技术成熟、安全有效的辅助生殖技术项目，按程序纳入基本医疗保险报销范围（目前，已协调市医保局向省医保局专题报告；已向省卫生健康委汇报，省卫生健康委与省医保局正在协调争取）。

8.积极推广托幼一体化服务。鼓励支持有条件的幼儿园，通过向原登记注册机关申请营业范围由3~6岁变更为0~6岁，即可向社会提供托育服务，招收3岁以下婴幼儿；托幼一体化运营模式幼儿园增设的托班，同等享受幼儿园运行补助政策；实行托幼一体化的幼儿园，行业管理、教育教学和业务指导等均由教育部门统一负责，卫生健康部门负责开展卫生保健等相关业务指导。力争2023年全市幼儿园托幼一体化覆盖率达到30%，2024年达到60%，2025年达到80%，并逐年提高直至全覆盖。

9.发放入托补贴。对在市内登记备案托育机构或者取得办学许可证幼儿园入托的政策内二孩及以上婴幼儿，每学期发放500元入托补贴，提高入托率。

10. 发展托育托管服务。探索公办民营、民办公助、地产物业联动、企事业单位自办等多种发展模式。支持单位、社区办托育点和托管班，单位办托育点和托管班经费可在单位职工福利费、工会经费中列支。实行延迟放学，适当延长在园时长或提供托管服务，原则上不早于当地正常的上下班时间后的半小时。

11. 开展市级托育机构示范创建活动。从 2023—2026 年，每两年在全市评选 20 个示范托育机构，每个奖补 5 万元；为每家通过备案的托育机构购买责任保险，降低托育机构经营风险。

12. 减轻企业生育保障成本。在宜就业的并与企业具有稳定劳动关系（连续工作三个月以上）的女职工，生育休假期间的工资，由企业按劳动合同工资标准足额发放，地方财政按每人每月适当标准对企业给予补贴，比如：每月 2000 元，试行有效期 3 年。

13. 完善在校大学生婚育服务。将大学生纳入生育保险范围，为生育的大学生提供医疗保障和生活津贴，促进教育制度与婚育政策相衔接。

14. 强化统筹协调和考核落实。以市委名义召开全市人口高质量发展专题会议，将人口高质量发展纳入市委重要议事日程。建立全市人口均衡发展指标体系，加强人口变化动态监测和分析研判，开展对现行鼓励生育措施实施效果的评估。将县市区落实优化生育政策情况纳入目标考核内容，推动各县市区出台关于优化生育政策促进人口长期均衡发展的实施细则，促进相关配套支持措施落实到位。

二、聚焦"留"字，深化教育事业改革创新，千方百计办好学校留住学生

15. 放大基础教育影响。以全国基础教育综合改革实验区为契机，持续推进基础教育强功能、优品质，不断放大基础教育影响力。实施来宜务工人员子女入学"0 门槛"、为来宜高层次人才子女入学开辟"绿色通道"等小切口改革事项。

16. 优化高等教育布局。建设与区域性中心城市相匹配的高等教育体系，支持三峡大学建设国内一流大学，三峡职院"创双高升本科"，三峡旅游职院、三峡电力职院、宜昌科技职院建成特色鲜明、行业示范高职院校。全力建设点军科

教城，推进湖北航空学院申办、三峡大学科技学院转设校区建设，力争两所新办大学 2024 年正式招生；推进三峡职院新校区建设，确保"年内开工，两年建成"；在此基础上力争再引进 3~5 所高校，引导高等教育增量资源向科教城区域重点集聚。大力支持宜昌科技职业学院扩规达标建设，确保满足 2024 年新招收 2500 名高职学生的学习和生活条件。重点加强学校基础设施和师资队伍建设，按照中长期 10000 人的规模，尽早达到高职学校建设标准。

17. 提高本地生源。积极推动各高校搭建"高校＋高中阶段学校"联合培养平台，吸引本市更多普高和中职毕业生报考本地高校。通过建立考核机制、强化宣传引导，激励宜昌市高中阶段学校加大对本地高校生源的输送力度。

18. 吸引外地生源。在毕业季等关键时间节点，加大高职院校赴渝东湘西、川东鄂西、豫南等劳动力流出地招生力度，引导外地中学生报考宜昌高校。

19. 优化专业设置。围绕本地产业需求，指导职业院校制定专业建设规划，定期发布全市《职业院校专业与产业契合度调研报告》，明确长线与短线专业、重点与特色专业、升级与淘汰专业。持续推进学校与本地企业共建产业学院、实习实训基地等，深度服务企业发展需求，力争 2023 年建立校企（地）协同育人项目 90 个。

20. 加强人才定制培养。推行高职院校"招生即招工、入学即入职、教师师傅双导师教学"培养模式，促进职业院校每年为本地企业输送顶岗实习学生达 8000 人左右。支持职业院校积极开展各类社会培训，2023 年培训 300 批次，规模 50000 人日，引导各类就业群体本地就业。

21. 推进人才供需对接。优化高职院校专业人才体系，编制"人才供需图谱"，建立重大产业人才供需数据库，定期发布行业人才需求预测报告，解决目前职业院校无数据可依、所依数据不科学、盲目设置专业和确定招生规模等问题。

22. 加大宣传推介力度。市领导及相关部门负责人聚焦宜昌经济社会发展、重点产业、"1+4"人才政策、城市发展环境等，主动到市内外高校开展宣讲，与广大学生面对面交流，吸引更多学生来宜就读，让更多毕业生爱上宜昌，留在宜昌。

23. 增强学生城市黏性。扩大"爱上宜昌书香行"活动覆盖面，通过频繁的校城互动不断增强市内大中专院校学生对城市的好感度，引导学生了解宜昌、爱上宜昌，进而留在宜昌。

三、聚焦"引"字，深化产城融合发展，以优势产业和完备城市功能吸引人

24.壮大产业支撑。加快发展绿色化工、生物医药、装备制造、新一代信息技术、清洁能源、食品饮料等九大产业，积极延伸上下游产业链，打造产业集群，提升产业核心竞争力。突破性发展高新技术产业、总部楼宇经济、现代服务业等，扶持金融保险、商贸物流、信息中介等劳动密集型第三产业发展，依靠新产业、新业态吸纳更多就业人口和从属人口。

25.锚定重点区域引人引才。一是面向渝东湘西、川东鄂西片区吸纳劳动力。以二、三产业为承载，依托重点企业、在宜大中专院校、商会协会、人力资源公司，常态化开展招生、招才、招工活动，尤其是依托绿色化工、装备制造、食品饮料等传统优势产业和重点在建项目，定向招引吸纳该区域劳动力资源，依托学位、岗位推动稳定就业、就地落户。二是面向荆州、荆门及江汉平原重点城市深化产业和基础人才交流合作。依托宜荆荆都市圈，强化区域产业合作互补，支持鼓励产业链重点龙头企业通过直接投资、设立分支机构、与当地高校科研院所定向合作培养等方式，打造产业技术人才、骨干人才引进的"桥头堡"。三是面向武汉都市圈、成渝经济圈招引高层次人才。依托宜昌优质文旅资源，面向武汉都市圈、成渝经济圈持续开展高端人才需求、文化旅游、宜居环境等宣传推介，招引"一人兴一业、一人兴一城"的产业领军人才和其他高层次人才。

26.增强城市活力。一是引入年轻化载体，结合公园、广场、绿地、空地建设文化建筑和体育设施，加快布局城市体育公园、户外体育设施，多点布局羽毛球场、篮球场、网球场等场所，让无处不在的街头运动成为城市活力的代名词。二是立足打好"三峡牌"，引进大型"主题公园"等特色旅游项目，打造"重量级"旅游产品，提升文化旅游服务品质。三是引进更多经典话剧、舞剧、小品、脱口秀、国际性体育赛事，在交通便利的主城区规划一条烟火气浓郁的特色小吃街，满足青年群体文化生活需求。四是发挥山水优势，引进树蛙部落、游美等高端亲子度假项目，吸引周边人群来宜开展以科学、劳动、运动为主题的夏令营、亲子营、独立营活动，以亲子游带动家庭出行消费。

27.强化安居保障。住房政策向多子女家庭倾斜，无自有住房且租赁住房的多孩家庭可按照实际支出房租提取公积金，对多孩家庭可适当提高住房公积金贷

款额度等相关支持政策；加快发展保障性租赁住房，着力解决新市民、青年人住房困难，支持、鼓励市场主体参与保障性租赁住房的建设和运营管理，在保障性住房分配中，同等条件下优先保障多孩家庭。简化新就业毕业生租房补贴申报要求，降低青年人才驿站的政策门槛，把来宜开展大学生实习、"三下乡"社会实践的市外大学生，纳入青年人才驿站服务范围。

四、聚焦"回"字，提升农业农村承载力，吸引乡贤能人外出人口回乡创业

28.加强返乡就业创业政策扶持。一是统筹涉农部门项目资金，制定出台乡贤能人返乡创业就业一揽子扶持政策，进一步激发乡贤能人外出人口回乡创业就业激情。二是针对农村建设项目"零星分散"等特点，在乡村土地利用规划编制、土地需求保障、审查审批流程等多方面创新和突破，解决乡村建设中"用地难、批地慢"的问题，为"回乡工程"开辟用地绿色通道。三是鼓励和支持金融机构创新三农金融产品和金融服务，针对家庭农场、农民合作社、农业产业化龙头企业等新型农业经营主体特点，创新"三农"金融产品，为回乡创业者提供信贷服务，满足创业者多样化的需求。四是实施科技人才赋能乡村振兴工程。在农村乡镇、农业园区、大型农业龙头企业等，设立一批专家服务基地，组织涉农领域科技人才通过集中授课、现场讲解、远程指导等方式，定期到农业重点镇村和农业企业开展技术指导服务。五是定期走访家中有子女外出读书、外出务工的村民，对于有意愿回乡就业人员，第一时间主动对接、提供本地就业信息、帮助联系就业渠道，充分利用"父母在、不远游"心理，将农村年轻人吸附在宜昌。

29.加强农村创业技能培训。一是整合各行业技能培训资源，联合组建专业教师队伍，加强农业职业经理人、农村实用人才、乡村工匠、电商扶贫带头人等新型职业农民教育培训，帮助创业人员识别创业机遇、选择创业项目、制定创业计划、规避创业风险。二是将农村转移劳动者纳入免费职业技能培训范围，可参照疫情期间稳岗就业经验，摸排梳理企业用工需求，有针对性开展就业务工培训。三是支持市内有条件的高校设立乡村振兴战略研究院，推进高校、中职学校和技工院校涉农专业设置调整，鼓励增设涉农专业，采取委托培养、订单培养、定向就业、弹性学制、"半农半读"等方式开展农科生培养。四是加强实训基地和导师队伍建设，组建乡村创业导师库，组织技术专家、企业家、创业成功者、天使

投资人、金融机构人士等对返乡下乡创业者进行指导。

30. 创新农村创业服务。一是用足用活点状供地政策,支持回乡人才打造经济增长新引擎和发展农村新业态。二是依托各类园区闲置厂房等存量资源,建设创新创业孵化基地等创新创业平台。三是依托现代农业产业园、规模化农业产业基地等,支持每个县市区建设返乡下乡创业园(基地)。四是建立农村资源资产、人力资源、社会化服务、金融保险、信息和技术咨询等供需信息发布和交易平台。五是组织用工企业就地就近招聘,依托乡镇劳动就业社保所、村服务中心等建立长期招聘代理服务点,定期组织乡村招聘会。

31. 优化农村公共服务。加快教育、医疗、文化等公共服务建设,大力推动县域教联体建设,推动城乡教育资源双向流动;推进远程医疗服务体系建设,做实"一村一名大学生村医计划";加强养老关爱服务设施建设,在农村建立老年互助照料中心;加快农村寄递物流体系建设,确保农村地区全覆盖并持续稳定运营。

调研领衔:燕元沂、张发卫、卢　斌

参与调研:李　芹、苏明丽、吴　磊、马明洁

点　评

文章基于宜昌人口方面的实际情况,从生、留、引、回四个方面提出了详细具体、操作性强的对策建议,为突破性解决宜昌人口问题提供了重要决策参考。

宜昌市社区负担调查与减负赋能路径研究报告

皮祖武　张允裕　杨文野　杨　森　刘　磊

近年来，国家和社会对基层治理提出了新的更高要求，政府各部门进一步加大资源服务平台下沉力度，社区承担的行政事务和公共服务事项日益增多，基层工作压力持续增大。宜昌市持续深化共同缔造推进党建引领基层治理体制机制创新，加快推进全国首批市域社会治理现代化试点城市建设，必须将社区减负赋能摆在突出的位置，抓细抓实抓出成效，助推宜昌奋力争创全省共同缔造标杆，努力为全国社区建设探索出更多可复制、可推广的宜昌经验。

一、宜昌市社区负担现状及影响

（一）宜昌社区架构

1. 社区建设概况

宜昌市共有城市社区199个（主城区162个），其中，最大的城市社区为夷陵区平湖街道平湖社区，共有6782户24571人；最小的城市社区为夷陵区小溪塔街道南津关社区，共有217户487人。

2. 社区运行机制

宜昌市《关于优化社区网格化管理机制的方案》中，明确了要按照"准入制度化、管理规范化、任务专职化、工作数字化"要求，实现基层"信息全采核、社情全摸清、服务全方位、矛盾全掌握"的"四全"目标，助推基层治理体系和治理能力现代化。

（二）宜昌社区负担现状

1. 行政事务多

随着我国政府由管理型逐渐向服务型转变，政府机构的工作量越来越大，社区作为"中间人"不可避免地承担更多公共服务事务，加之社区职权相关法律法规不健全、制度落实不到位，许多行政工作不断下沉到社区，社区成为延伸到基层的"小政府",由最初人们印象中的"开开证明、办办低保"到现在的"包罗万象",尤其是行政事务类工作占社区工作的绝大部分。

2. 系统平台多

各个部门系统不交互、数据不共享、平台不相容,造成冗杂的系统、庞大的信息各自为战。通过访谈了解到,社区工作人员操作的系统、平台有10余个,涉及党建、社保、计生、网格、综治等方方面面,某基层干部更是按上级要求在手机上安装了10多个工作APP。另外,原先清理整治过的工作微信群、QQ群、钉钉群等死灰复燃,消息更是应接不暇,一个人加入7~8个工作群是常事。

3. 数据上报多

数据整合进程较慢,共享机制不完善,"报表内容烦琐""多头重复报""数据共享难""上午通知下午报"等问题时有发生。

4. 收文参会多

发文办会是开展工作的有效手段,但是过多的"文山会海"却让社区干部身负重担。例如,少数干部反映,现在正式文件、统计口径内的文件确实减少了,但白头函件、工作提醒仍较多;有的社区干部反映参加省、市级别视频培训会效果较差,领导讲话强调意义多、指导意见少,传达上级文件多通读少研讨。

5. 迎检调研多

"台账资料"成为迎检调研的必看重点项,这也让基层干部形成一个不良习惯,即"事做得好不好在其次,主要是迎检资料要做好、汇报材料要写好、调研现场要准备好",尤其准备一次现场调研,印刷展板、资料的开销占大头。社区也都按照基层党委政府的指挥棒在开展工作,不断地接待上级检查督查考核,问责风险的压力也加重了迎检调研中的社区负担。

(三)宜昌社区负担过重造成的影响

1. 工作能效下降,制约社区发展

每个社区工作者身上都肩负多重工作,尤其是特殊时期,工作量远超个人能承担的范围。政府各部门下达的每一项工作均要求摆在优先位置处理,社区工作者面对各部门的高标准要求以及再三的督导检查,针对多头的复杂问题也无从下手。各项工作的高要求严标准层层转移到基层,对社区来说过于苛刻。

2. 社工获得感低,人员流失较多

一方面,社区工作者作为与居民接触最多、直接服务居民最频繁的基层人员,很多居民形成一种"凡事找社区解决"的思维。社区无法满足居民的诉求或者开展的某项工作不被居民理解时，社区工作者成为口诛笔伐的对象是大概率事件。既要面对服务对象的埋怨，又要面对上级的督办问责，夹在居民和政府之间的社区工作者有苦难言，所处地位较低。

另一方面，社区工作者被普遍认为是没有"编制"的基层干事人员，开展工作时既无执法权，也无较大的决策权，处理事情显得捉襟见肘，只能苦口婆心地劝导和反复沟通处理，导致社区工作者对该职业的认同感较低。"干着最累的活、拿着最少的钱"是社区工作者的真实写照，网格员月均到手工资普遍在 3000 元 / 月左右，社区"两委"委员月均到手 3500 元 / 月左右，低于市人社局 2022 年发布的市场工资指导价位整体平均值（4928 元 / 月），综合宜昌市城区房价、物价水平等生活成本来看，社区工作者收入较低。

3. 居民体验感低，影响干群关系

社区本职工作是开展社区管理、服务群众，并协助政府部门依法做好相关工作。实际上，社区直接处理了许多超出职责范围的事项。由于社区工作者需要完成大量临时性指派的事项，完成各类数据填报表格、台账、工作报告等，使得社区工作人员走出办公室走访居民、服务居民的时间大大减少，也没有时间考虑社区服务项目的开发，更没有时间思考社区自主建设与发展。长时间的办公室工作，居民和社区减少了沟通交流渠道，也造成情感上的疏远，居民越来越难享受到"送上门"的社区服务。

二、宜昌社区负担重的原因分析

（一）纵向逐级加压泛化，政策执行统筹不够

1. 基层职能扩张，发展趋势难以避免

在社会、经济、文化快速发展中，为满足人民日益增长的美好生活需要，政府自上而下开展的工作与日俱增，其落脚点都在基层，在各个社区、网格。持续数年的疫情防控中，基层承担的职能更是明显急剧增加，也造成了部分社区工作者难堪重负而辞职。

2. 政策加码和主动加压，社区成为"内卷"重灾区

在一级抓一级、层层抓落实的体制下，很多工作都不可避免地加码加压到基层，而减负政策又执行不够。一方面，上级为了确保政策执行层层压实，以加码

方式倒逼基层对各项工作更加重视，为取得更好的效果难免忽视减负政策的存在，甚至将本来是本部门职责内工作、社区无法胜任的工作等分摊给社区，如将危房安全巡查下派给社区，要求社区开具奇葩证明等问题都有所反弹。另一方面，基层干部在层层考核下，为突出自身政绩，必须承担更严格的责任，以加码方式高标准达成工作目标，各地、各部门之间"内卷式"比拼现象较为常见，且最终都会反映到社区上。

3. 横向部门权责不清，议事协调机构过多

当前，各部门职责上大多是条线模式，为解决综合性问题往往要求横向协调联动，但需要统揽各方面工作的任务越来越多，如"四个重大"、文明城市创建、主题教育等，仅靠单个部门横向联系难以推动落实，因此，市、县层面设立的议事协调机构越来越多。

（二）基层组织职能缺位，社区无限兜底服务

1. 自治组织发挥作用有限

现实情况是社区自治组织是政府、社区主导下成立和发展的，政府对社区的行政管理模式进一步通过社区延伸到自治组织，社区承接了行政事务却没有相应的人财物配套，导致没有更多精力组织和发动群众。同时，自治组织活动开展不够经常，负责人热情不高，无法持续有效发挥自治功能，久而久之社区居民的自治意识逐渐淡化，主动参与社区治理、志愿服务的意愿不强，共同缔造活动成效难以最大程度发挥。

2. 社会组织良莠不齐，社区接受度低

目前，社区普遍采取购买社会组织服务方式，社会组织机构的运行深度依赖社区的资源，基本都是以营利为目的行为，一旦项目终止就意味着服务的终止，不具有较好的持续性。社会组织简单地将社区服务认同为"一个盈利的项目"，资本的逐利性决定了服务质量无法保障，花了钱却买不来效果，徒增财政负担。这样"简单粗暴"的直接购买服务方式，也让社会组织机构深度依赖财政资金与项目，失去了自我造血功能，无法实现可持续发展。

（三）社区治理资源匮乏，权力职责分配不当

1. 社区治理保障不足

社区治理的主力军是社区工作者，社区工作者的综合素质、社工经验深刻影响社区治理的有效性。目前面临情况是，社工大多为高中、大专学历，年龄结构

虽逐年优化，但平均年龄偏大，应对现代化电脑办公的能力稍显不足，不完善的社工培养机制导致"大龄"社工能力提升有限。一些年轻人将社区工作当作跳板，刚掌握社区情况就辞职的现象屡见不鲜，人力资源相对匮乏。面对职能部门的"一纸文件"要求开展工作，但无明确的经费保障，各个社区集体经济发展情况不一，资金保障相对欠缺。

2. 属地责任泛化

属地管理，即根据所在地域确定具体管理机关，从守土有责的角度确保治理有效，换言之，社区对辖区范围内的一切大小事务都有管理的责任。一些地方和部门以"属地管理"为由，把自己职责范围内的、风险大的一些工作推给社区，导致社区不堪重负。通过无限的属地责任赋予相当的职责，却没有给予相应的权力，各职能部门对于社区反映的问题，多数时无法及时给予支持与解决途径，使得社区在这种情况下心有余而力不足，劳心劳力不讨好，这也是社区减负的困境之一。

三、宜昌社区减负赋能的对策与建议

（一）厘清政府部门职责边界

社区减负的根源在上面，上面千条线要能合则合、能剪则剪，基层才能顺利穿针引线。要抓住本次机构改革契机，推动不同层级、不同部门和不同岗位理顺职责边界，着力解决职能交叉、职责重叠、管理盲区等问题。全面清理各类议事协调机构，对于确需部门协作的重点工作，做到分工明确、政出一门。开展部门、基层政府延伸到社区工作事项"回头看"，按照省、市制定的社区准入事项要求及时清理整改，对经批准的由社区协助事项相应匹配人、财、物，坚决避免以"属地管理"名义将本级职责层层下移。

（二）强化减负政策督查问效

将为社区减负政策执行情况纳入各级巡察监督、党委（党组）书记抓基层党建述职评议考核、市县领导班子和领导干部考核评价内容。严格执行《宜昌市社区（村）减负监督检查办法》，市委办、市政府办统筹组织开展日常监督检查工作，每年底前向市委、市政府报告情况。市纪委监委组织全市纪检监察机关对各地各部门为社区减负情况跟进监督，并会同市委组织部在各地建设社区减负"观测点"，聘请社区工作者、居民群众等担任基层减负观察员，适时通

报一批典型案例。

（三）推行数据集中采集管理

加快建设城市数字公共基础设施，打通整合部门数据资源库，建好城市大脑数据资源体系，逐步实现政务数字化、信息智慧化。各部门采集所需数据信息统一优先通过社区"微脑"平台获取，系统内可获取的数据不得要求基层手工填报、重复填报。同时，分层分类分批开展1次信息技术轮训，提高社区工作者信息系统运用和数据综合分析能力。全面清理自媒体账号（政务、事务、服务类微信公众号和抖音号等）、网络工作群（微信、QQ、钉钉等）和信息平台（政务APP、小程序、网站等），对与实际业务脱节、功能可替代、长期不更新、无人运维以及使用范围小、频次低的数据平台，由市级层面统筹进行精简整合，市委网信办和政务数管局进行后续跟踪管理。

（四）优化社区各类组织功能布局

对照完整社区建设理念，规划设计社区各类组织功能布局，最大限度吸引群众参与。完善人民调解、治安保卫、公共卫生、环境和物业管理等委员会内部运行机制，查缺补漏引进发展公益性、互助性、服务性社会组织，培育核心志愿服务团队，建设社区经济联合体，支持社区积极与驻区单位和各类组织建立协作关系，推动各类组织优势互补、合作共赢，有序有效分担社区公共事务。

（五）健全社工人才培育机制

建立完善以初任培训、岗位培训、继续教育培训为主要内容的培训体系，提供挂职锻炼、异地交流等多样化培养方式，畅通岗位等级晋升、择优选拔等上升渠道，广泛开展评优评先、典型宣传等活动，多措并举提升社区工作者职业价值感和社会认同感。鼓励社工自主参加社工职业资格考试或其他相关考试认证，推动城市社工持证率逐年上升。及时调整社区工作者薪酬基数，探索实行加班补助、交通补贴等福利待遇，营造良好工作环境。

（六）重塑社区考核评价体系

社区是自治组织，不应惯用行政思维来管理，要改变沿用套用党委政府综合目标考核的框架模式，重构以群众评价、工作实效等为指标的社区考核评价体系，让社区回归服务群众本源。由市委、市政府统筹确定面向社区的考核事项清单，考核指标以可量化、可观察为主，针对社区工作者探索"淘宝式""星级化"群众评价方式，不得随意将有没有领导批示、发文开会、台账记录等作为评判贯彻落实情况的指标，坚决杜绝痕迹主义。优化各地各部门对社区的督查、检查和调研等工作，尽量采取"四不两直"方式，以实地看、问群众为主，原则上不得影响基层工作，不得要求基层提供大量文字材料。

（作者单位：中共宜昌市委办公室）

点　评

文章系统梳理宜昌市社区负担现状及成因、推进减负赋能的初步成效，从厘清权责、督查问效、数据管理、组织功能、人才培育、考核评价等六个方面探索提出社区减负赋能的路径，以期为宜昌深化基层治理提供理论参考，推动"一线五化"基层治理"宜昌范式"走深走实。

宜昌与长江沿线及中西部同等城市对比分析报告

宜昌市委政研室（改革办、财经办）调研组

宜昌市委政研室会同相关部门，围绕落实省高质量发展综合绩效评价指标体系和建设长江大保护典范城市目标，对宜昌与长江沿线徐州、扬州、泰州和中西部洛阳、榆林五个百强位次靠前同等城市进行了对比分析。现将有关情况报告如下：

一、宜昌与五市基本情况

表1　　　　　　　2022年宜昌与五市基本情况比较

	宜昌	徐州	扬州	泰州	洛阳	榆林
百强位次	第60位 较上年升6位	第45位 较上年升2位	第40位 较上年升3位	第42位 较上年升8位	第53位 较上年升2位	第54位 较上年升7位
常住人口	392万	901.85万	458.29万	450.56万	707.9万	361.61万
GDP	5502.69亿元	8457.84亿元	7104.98亿元	6401.77亿元	5675.2亿元	6543.65亿元
人均GDP	14.04万元	9.38万元	15.51万元	14.18万元	8.02万元	18.08万元
一般公共预算收入	218.2亿元	517.4亿元	325.5亿元	416.65亿元	398.2亿元	926.8亿元

通过比较分析：宜昌经济总量仍然偏小，大幅落后人口大市徐州。宜昌"未强不富"，平均财政自给率41.02%，低于全省0.36个百分点。说明宜昌经济运行质量还不高，工业化程度相对偏低。宜昌综合实力虽然较徐州、扬州、泰州差距较大，但随着近年引进的宁德时代邦普等一批百亿级项目投产达效，将释放强劲的发展动能，宜昌百强位次赶超洛阳、榆林希望较大，可以将冲刺50强作为奋斗目标。

二、宜昌与五市对比分析

通过采集近年来数据，主要从产业承载、科技创新、人口活力、城市品质、社会民生、县域经济六个方面进行对比分析。

（一）产业承载方面（主要是工业）

表 2　　　　　2022 年宜昌与五市产业承载指标比较

	宜昌	徐州	扬州	泰州	洛阳	榆林
三次产业结构比例	10.7：44.1：45.2	9.1：42.5：48.4	4.6：48.8：46.6	5.25：49.3：45.45	4.8：43.7：51.5	4.8：71.4：23.8
第二产业增加值	2103.36 亿元	3593.22 亿元	3470.02 亿元	3158.01 亿元	2534.6 亿元	4673.49 亿元
固定资产投资增速	19.8%	3%	10%	9.4%	1.4%（1–11 月）	5.3%
2021 年工业投资增长率	25.5%	17.4%	16.4%	24.8%	−12.1%	−6.7%
规模工业收入	4132.9 亿元	5946.7 亿元	6295.9 亿元	7043.9 亿元	5084.4 亿元	6201.9 亿元
规模工业增加值增速	10.6%	5.9%	8.7%	8.5%	3.6%	7%
A 股公司	11 家	13 家	16 家	17 家	14 家	1 家
存款余额	4746.36 亿元	9914.81 亿元	8198.32 亿元	8602.87 亿元	6740.5 亿元	5549.43 亿元
贷款余额	4668.77 亿元	8128.51 亿元	7124.63 亿元	7402.57 亿元	5965.1 亿元	2584.83 亿元
利用外资	3.1 亿美元	20 亿美元	17 亿美元	11.4 亿美元	32.1 亿美元（2021 年）	2.62 亿美元
进出口总额	414.7 亿元	1291.1 亿元	1101.2 亿元	1307.3 亿元	209.2 亿元	33.2 亿元
外贸依存度	7.54%	15.27%	15.5%	20.42%	3.6%	0.5%
万元 GDP 用水量	42 米^3	47.4 米^3	53.9 米^3	38.14 米^3	26.4 米^3	21.5 米^3

通过比较分析：

一是宜昌工业实力还需大幅提升。从三次产业结构二产占比、二产增加值、规模工业收入等指标靠后，可看出宜昌与五市最大的差距主要体现为工业规模体量偏小。这既有先天不足的原因,也有转型中遇到的阶段性困难。同时,宜昌生产性服务业与工业的融合发展不足,"三新"服务业短板明显,现代物流、商贸会展、金融服务、平台经济技术、研发设计、科技信息等发展全面滞后。

图1 2016—2022年宜昌规模以上工业企业数量及总产值

二是宜昌全要素生产率不高。2020年宜昌、徐州、扬州、泰州、洛阳、榆林GDP比2016年增长14.89%、26%、35.9%、29.5%、35.6%、47.48%,"十三五"期间宜昌、徐州、扬州、泰州、洛阳、榆林单位GDP能耗累计下降20.48%、34.5%、19.46%、25%、35.6%、16%,这一期间宜昌在六市中GDP增速最低,能耗下降率也不高(疫情对宜昌2020年经济影响较大)。2022年宜昌固定资产投资增速19.8%,徐州仅3%,但宜昌GDP只有徐州的2/3,呈现出"投入高产出不高"的较弱外部性,宜昌一般公共预算收入占GDP比重偏低也印证了这一点。除榆林外,宜昌上市公司数量明显少于其他四市,虽然总市值遥遥领先,但长江电力一家就占了74.5%,并不具备整体优势。这些都说明,宜昌全要素生产率不高,主导产业发展依赖投资、带动力不强、附加值不高,还没有真正担负起"一业兴、百业旺"的使命,造成发展质效与同等靠前城市相比还存在一定的差距。

三是宜昌对外开放水平不高。主要体现在结构问题上,宜昌外贸依存度长期低于湖北平均水平,2008年达到9.28%的历史最高水平,2010年以来宜昌外贸依存度徘徊在5%上下,直到2021年快速回升至6.82%,2022年又增加到7.54%,但仍然低于湖北平均水平。宜昌长期以出口为主导,贸易成本居高不下,近年来出口额占进出口总额的比重持续上升,目前已接近90%,"满箱出、空箱回"和"拼箱出、无箱回"的情况较为突出,不断抬升宜昌外贸成本,也造成市场化程度不高。在"外循环"中沿海城市具有传统优势，倒逼宜昌仍要不断扩大对外开放程度；宜昌在"内循环"中具有"后队变前队"的巨大潜力，亟须加强与东部沿海城市的产业合作，真正做好"通江达海"的大文章。

图2 2000—2020年湖北省、宜昌市外贸依存度（单位：%）

（二）科技创新方面

表3　　　　　　　　2022年宜昌与五市科技创新指标比较

	宜昌	徐州	扬州	泰州	洛阳	榆林
2022年国家创新型城市创新能力排序	56位	37位	30位	43位	44位	未纳入
2022年全国城市创新能力百强	63位	42位	34位	48位	49位	未进入
R&D经费	111.7亿元	146.2亿元	151.6亿元	159.8亿元	153.9亿元	13.44亿元
R&D经费GDP占比	2.62%	1.8%	2.26%	2.65%	2.83%	0.25%
专利授权	10533件	41895件	28942件	25303件	14063件	3102件
每万人发明专利拥有量	12.15件	22.81件	22件	23.94件	13.27件	1.3件
技术合同成交数	5073个	4233个	5159个	2603个	1559个	—
技术合同成交金额	201.1亿元	105.67亿元	169.82亿元	145.21亿元	84.5亿元	5.45亿元
高新技术企业数	857家	1172家	1587家	1309家	903家	127家
科技型中小企业数	1172家	5699家	2471家	4801家	2228家	608家

通过比较分析：

一是宜昌面临激烈的科技竞争。宜昌的科技创新能力全面落后于徐州、扬州、泰州、洛阳，并且差距还在拉大，这意味着当前城市之间的科技竞争越来越白热化。与四市相比，宜昌更多的是在人均、占比等指标上有优势，如R&D经费支出占GDP比重、技术合同成交金额与GDP之比等，在R&D经费支出、发明专利授权上宜昌处于劣势。

二是宜昌科创资源较为薄弱。宜昌市现有科创平台以省、市两级居多，国家级高水平综合性研究平台数量不足，国家级重点实验室、国家级临床医学研究中心等尚未实现零的突破，不仅弱于徐州、扬州、泰州，与洛阳雄厚的科创平台资源不在一个量级。宜昌高新技术企业和科技型中小企业数量偏少，存在后劲不足的风险，根本原因在于科技服务组织数量少、规模小，科技咨询、科技中介、信息服务支持等方面不能满足科创需要，科技金融产品覆盖面相对较窄，全链条、广覆盖的科技金融支撑体系尚未建立。

三是宜昌科技创新对产业发展支撑不强。2021年徐州、扬州高新技术产业增加值是宜昌的3倍、1.45倍，泰州虽然比宜昌低，但考虑到泰州工业战略性新兴产业产值、高新技术产业产值分别占规模以上工业比重40.9%、47.0%，还是强于宜昌。2020年、2021年宜昌高新技术产业增加值占GDP比重在全省仅排第11位、第6位。技术合同成交额是衡量科技成果转化的重要指标，但因为各地统计口径不同，该项指标更适合省内比较。总的来说，宜昌现有科创资源与主导产业还没有深度耦合，导致主导产业竞争力不够强。

（三）人口活力方面

表4　　　　　　　　2021年宜昌与五市人口活力指标比较

	宜昌	徐州	扬州	泰州	洛阳	榆林
常住人口（万）	391	902.9	457.7	452.2	706.9	362.2
市区人口（万）	158.7	207.6	122.9	97.5	356.8	92
建成区面积（平方千米）	190.95	282.24	178.84	143	293.96	99.34
人口净流入或净流出（万）	+30.58	+57.53	+30.82	−0.27	+33.5	−42.61
人口自然增长率（‰）	−2.4‰	0.3‰	−3.95‰	−4.6‰	1‰	1.31‰
老龄化率（%）	24.95%	18.98%	26.01%	28.25%	18%	16.39%

通过比较分析：人口负增长是大趋势，当前六市面临着出生人口增量减少、人口老龄化等共性难题。目前"人口数量红利"正在向"人口质量红利"转变。一座城市的经济竞争力或发展后劲主要靠年轻人口，接纳外来年轻人口特别是高技能人才，成为未来城市规划的核心。谁能包容"漂族"，谁就能取得未来城市竞争的胜利，宜昌在推进城镇化、吸引外来人口、提高人口机械增长率上还有很大潜力。

（四）城市品质方面

表5　　　　　　　　2021年宜昌与五市交通运输指标比较

	宜昌	徐州	扬州	泰州	洛阳	榆林
公路总里程（千米）	37481	15397	9687.7	10090	19903.7	34991
高速公路里程（千米）	726	464	307.77	319.84	582.9	1156.68
公路货运量（亿吨）	1.32	3.14	1.66	0.55	2.1	2.85
港口货物吞吐量（亿吨）	1.147	0.467	1.06	3.76	——	——
铁路货运量（万吨）	957.7	5465	——	25.85	1836.8	25238
机场旅客吞吐量（万人次）	220	261.45	222.38（机场合用）		123.6	171.83

表6　　　　　　　　2021年宜昌与五市文旅指标比较

| | 国家A级景区数（家） ||| 星级酒店（家） || 接待旅游人数（万人次） | 旅游总收入（亿元） |
	5A级	4A级	3A级	五星	四星		
宜昌	4	23	34	2	13	8732.77	874.72
徐州	1	21	28	1	6	5197.76	631.93
扬州	1	7	14	4	8	6061.97	812.49
泰州	1	10	9	1	4	2336.96	291.25
洛阳	5	28	25	0	13	11700	923.48
榆林	0	9	49	1	3	3001.87	125.06

表7　　　　　2021年宜昌与五市公共文化设施指标比较　　　　（单位：个）

	宜昌	徐州	扬州	泰州	洛阳	榆林
文化馆	14	12	7	7	17	13
公共图书馆	15	12	8	7	18	12
公共博物馆	18	18	17	18	102	34

续表

	宜昌	徐州	扬州	泰州	洛阳	榆林
大剧院	1个在建	2	2	1	1	1
会展中心	1个在建	1	2	3	1	1

表8　　　　　2021年宜昌与五市生态环保指标比较

	宜昌	徐州	扬州	泰州	洛阳	榆林
人均水资源（立方米）	2957	713	452	506	821	757
国控考核断面优良率（%）	100	86.4	86.7	91.7	94.5	83.9
空气质量优良天数比例（%）	84.1	79.2	78.1	86.8	67.1	85.8
森林覆盖率（%）	68.59	27.8	24.02	25.55	45.8	36
城市建成区绿地率（%）	40.02	42.16	42.07	40.11	44.34	33.78
人均公园绿地面积（平方米）	15.04	17.75	20.19	16.5	16.13	16.24
一般工业固物综合利用率（%）	56.62	99.34	94.45	90.88	74.96	33.46

通过比较分析：宜昌交通运输体系动能有待释放，目前公路、铁路货运量都偏小，物流成本较高，存在物流运输体系不优不畅的问题。宜昌虽然旅游资源丰富，但与洛阳相比仍有很大差距，存在同质化竞争、城区旅游空心化、过境游山水游居多、产业融合不够紧密、缺乏有吸引力的旅游文创产品等一系列问题。宜昌公共文化服务设施数量不少，但缺乏高品质的酒店、大剧院、会展中心、主题乐园等。宜昌在常住人口总量相对少的情况下，消费市场增速喜人。随着疫情防控政策调整，旅游业迎来复苏，宜昌消费活力还有较大的提升空间。宜昌生态环境良好，但城市建成区绿地率和人均公园绿地面积与宜昌国家森林城市、园林城市的地位还不相匹配。

（五）社会民生方面

表9　　　　　2021年宜昌与五市社会民生指标比较

	宜昌	徐州	扬州	泰州	洛阳	榆林
居民人均可支配收入（元）	33708	34217	42287	43777	30219	28073
城乡收入比	1.98∶1	1.72∶1	1.86∶1	1.96∶1	2.44∶1	2.43∶1
居民人均消费支出（元）	21372	21278	26083	27712	21563	20126
居民消费价格指数	-0.2	1.1	1.5	1.3	1.1	1.3
城镇登记失业率（%）	2.8	2.09	3.03	1.8	3.93	3.39

续表

	宜昌	徐州	扬州	泰州	洛阳	榆林
各类学校（所）	900	2458	769	436	2756	1495
教育支出占财政总支出比重（%）	15.87	20.99	16.97	12.8	17.86	16.33
卫生机构（个）	2636	4580	1899	2140	4810	3727
卫生技术人员（人）	34040	74800	31898	33683	61067	30265
每千人口床位数（张）	7.45	6.78	5.9	6.48	7.48	6.21

通过比较分析：宜昌在增加居民收入、缩小城乡收入差距等方面还要进一步向徐州、扬州、泰州对标看齐，加快经济转型，扩大就业渠道，优化收入结构，促进区域协调发展。宜昌教育投入目前处于较低水平，相关部门还需对教育投入状况进行客观评价分析，全力落实国家"两个只增不减"（一般公共预算教育支出逐年只增不减、按在校学生人数平均的一般公共预算教育支出逐年只增不减）要求。徐州教育支出比例接近21%，位居江苏省第一，在最具幸福感城市100多项测评指标中，教育满意度排名全国第一，值得宜昌学习借鉴。结合常住人口数量看，宜昌医疗供给能力在六个城市中位居前列，这与2021年宜昌在全国健康城市建设样板市排名基本吻合（宜昌第11名、扬州第12名、泰州第18名，徐州、洛阳、榆林均未入选）。但宜昌高水平医院核心竞争力与徐州相比还有一定差距，徐州拥有14家三甲医院，是华东地区重要的医疗中心，其中徐州医科大学附属医院、徐州市中心医院分别位列2021年中国地级城市医院100强第2名、第11名，宜昌市中心医院排第30名。

（六）县域经济发展方面

表10　　　　　　　　　2022年宜昌与五市县域经济比较

	辖县数量	百强县数量	百强县GDP	百强县排名	GDP占全市比重
宜昌	8个	2个	宜都市超900亿元	第68位	16.3%
			枝江市830亿元	第89位	15.1%
徐州	5个	2个	邳州市1157.2亿元	第44位	13.7%
			沛县1012.2亿元	第70位	12%
扬州	3个	1个	仪征市1002.9亿元	第46位	14.1%
泰州	3个	1个	泰兴市1336.7亿元	第28位	20.1%
洛阳	7个	0			

续表

	辖县数量	百强县数量	百强县GDP	百强县排名	GDP占全市比重
榆林	10个	2个	神木市2231.5亿元	第34位	35.1%
			府谷县近900亿元	第97位	13.8%

通过比较分析：东部地区县依然位居百强县前列，在体制机制改革、科技创新、区域协调等方面带动全国县域经济高质量发展。随着东中部地区产业向西部转移、区域协调发展战略进一步实施，西部县域将成为中国经济发展的重要阵地；中部地区县域经济实力虽稳步提升，但该地区经济增速有所放缓，呈现出略微下降趋势。

三、赶超建议

综合来看，与五市相比，宜昌市相关发展指标既有数量上的差距，也有质量上的差距。

一是科学设定高质量发展指标体系。在深入研究省高质量发展综合绩效评价指标体系基础上，学习徐州、扬州、泰州在经济发展、科技创新、对外开放等方面的做法，借鉴洛阳在文创、利用外资等方面经验，系统架构贯彻高质量发展要求、契合宜昌实际的考核指标体系，赋能长江大保护典范城市建设。深入研究与考核指标相配套的数据统计工作，建立宜昌与长江沿线及中西部同等城市对比分析长效机制。创新建立狠抓落实工作机制，进一步明确任务、压实责任、优化流程，构建抓落实全流程、全周期闭环管理体系。

二是精准发力补齐科创短板。榆林GDP一年增加1000亿元，看似"煤运当头"，实则水到渠成。近年来，榆林聚焦能化产业高端化，在全省首创实施工业科技特派员制度，成立国内首个特殊普通合伙制的撮合技术经理人事务所，聘请邵明安、潘复生院士设立省级院士工作站，聘请刘中民等19名院士担任"院士之家"科学家。最近新华社的一篇《常州抄底，洛阳"急了"！》报道，转述了中航锂电从起步于洛阳到发展壮大于常州，从濒临破产到绝地反击的故事。同一家企业，为何在洛阳一度落寞，到了常州却拔地而起？对宜昌而言很有借鉴意义。宜昌应高标准推进科教城建设，聚焦主导产业建设研发平台，支持企业加大研发投入，探索在科技资源密集区域建设科创飞地，让创新成为宜昌产业转型的核心驱动力。

三是坚定不移发展枢纽经济。宜昌要建设长江大保护典范城市、引领带动宜荆荆都市圈，必须充分发挥黄金居中、承东启西的节点优势，重新连接全国统一市场，重新畅通对外通道"再开埠"。加强与三峡集团抱团发展，抢抓三峡水运新通道建设机遇，共建国家物流枢纽。加强与重庆、广西对接，积极争取加入西部陆海新通道省际联席协商组织，努力将宜昌打造成湖北融入西部陆海新通道的桥头堡，与武汉对接"一带一路"、推进江海直达、建设国际空港等发力重点错位。充分整合自贸区、综保区、保税物流中心等对外开放平台功能，推动自贸试验区扩区升级。加快推动呼南高铁建设，加快贯通呼北高速断点，着力打通南向客货运通道。

四是持之以恒提升城市功能品质。宜昌应强化面向鄂西、渝东、湘西的区域辐射势能，引领宜荆荆都市圈打造长江中上游重要增长极，建设宜居、韧性、智慧的区域性中心城市。加快交通基础设施建设，提升铁、水、公、空、管、邮等通道承载能力和运输效率。严格落实北岸控密度、南岸控高度、滨江控宽度，保护好"一半山水一半城"的城市生态肌理，增强中心城市的经济和人口承载力，打造宜居、韧性、智慧城市。按照城区300万人口规模，实施城市更新行动，加快配置教育、医疗等公共服务设施，补齐大剧院、科技馆、美术馆、主题公园等功能性设施短板，着力建设"乐居、立业、活力、有为"的青年发展型城市。围绕实施强县工程，加快推进以县城为重要载体的就地城镇化和以县域为单元的城乡统筹发展。

（调研组成员：郑劢、覃亮、苏沛、吴桂林、缪荣辉、秦弢）

点 评

文章从产业承载、科技创新、人口活力、城市品质、社会民生、县域经济发展等多个方面，对宜昌与长江沿线徐州、扬州、泰州和中西部洛阳、榆林五个百强位次靠前同等城市进行了全面详细的对比分析，并在此基础上提出有针对性的赶超建议。

关于全市住宅小区物业管理情况的调研报告

宜昌市人大城乡建设与环境资源保护委员会

《宜昌市住宅小区物业管理条例》（以下简称《条例》）2022年3月1日起开始施行，为进一步推动《条例》贯彻实施，不断提高宜昌市住宅小区物业管理水平，市人大常委会2022年、2023年连续两年围绕住宅小区物业管理情况开展专题调研。

一、全市住宅小区物业管理的基本情况

截至目前，全市共有2102个住宅小区（城区1186个、县市916个），覆盖户数约为83万户。市委、市政府坚持"人民城市人民建，人民城市为人民"的理念，全域深入推进物业服务提质增效专项行动，住宅小区物业管理水平明显提升，人民群众获得感、幸福感、安全感不断提高。

（一）物业管理融入基层治理更加充分

一是强化党建引领。全市2102个小区通过单独建、联合建等方式全覆盖成立党支部，5869个楼栋成立党小组，987个小区业委会党员占比55.8%，与2022年同比增长13.2%，376个小区的党组织书记与业委会主任"一肩挑"，占比21.2%，同比增长4.7%。市县两级成立物业行业党委，指导156家物业企业成立党组织，向215家物业企业选派党建指导员。全市物业管理领域基本实现党的组织和工作全覆盖。二是优化治理格局。1847个小区组建了业委会，占比85.97%，武汉为70%。1285个小区实行了专业化物业服务，占比61.13%，同比增长10.2%，襄阳占比为25%。引导481个业主自管和184个单位代管小区加强规范管理。成立或引进公益性物业服务主体，为152个失管小区提供基本物业服务。全市住宅小区基本实现物业服务全覆盖。三是发挥包联作用。选派477支包联工作队、7534名包联工作队员、8.5万名党员干部下沉社区，推动居民群众"共同缔造"参与小区治理。

（二）物业管理制度体系更加完善

一是健全责任体系。建立"市级统筹全局、县级综合协调、街道一线责任、社区具体实施、小区齐抓共管"五级责任体系，市政府将物业管理纳入城市管理综合考核体系（权重从2%提高到4%），建立街道（乡镇）考核物业项目及业委会、县市区住建部门评价物业企业、业主评价业委会及物业企业等制度，责任进一步压实。二是健全制度体系。建立物业管理区域、前期物业招投标、前期物业服务合同、承接查验协议、物业服务合同、业委会等六大备案制度，加强源头管控。出台《宜昌市住宅专项维修资金管理办法》，优化服务流程。建立人民调解制度，加强物业纠纷调解。三是健全标准体系。出台《宜昌市住宅物业服务等级标准》，编写《宜昌市物业区域业主大会和业委会工作指引》等9本"工具书"，每月对物业企业开展信用评价，发布"红黑榜"。

（三）物业管理难题解决更加有效

一是着力解决物业收费不透明问题。开展专业化物业服务收费信息不透明问题专项整治，12345政务服务热线2023年1—7月关于物业收费的投诉为763件，较去年同期（1673件）下降54.39%。二是着力解决小区电动车辆充电问题。推动住宅小区累计安装电动汽车充电自用桩7800余个（占全市总量的70%），813个小区新建电动自行车充电设施4690余个，12345热线2023年1—7月关于电动车充电的投诉为308件，较去年同期（542件）下降43.17%。三是着力解决既有住宅加装电梯问题。出台《宜昌市既有住宅加装电梯技术导则》，为全省首部，推出每部加装电梯奖补10万元的政策，推动全市累计加装电梯896部。四是着力解决小区综合执法问题。城管部门1/3的执法力量下沉街道，向违建当事人下达法律文书1225份，开展餐饮油烟扰民巡查291次，推进城管（综合）执法进小区。

（四）物业企业发展质量更加健康

一是做大企业规模。培育规模以上企业达到51家，同比增长24.4%，全市物业企业总数优化至371家，同比减少120家（降幅24.4%）。宜昌物业企业与服务小区比例为1∶3.87，明显高于2022年同期的1∶1.96，明显高于武汉市的1∶3.18、襄阳市的1∶1.87。二是做优企业服务。鼓励物业企业在提供"保安、保洁、保绿、保维"等传统服务外，积极探索幸福食堂、养老托育等增值服务，探索智慧物业提升服务水平，建成社区居家养老服务设施 207 个，建成幸福食堂 132 个。三是做强企业力量。加强物业从业人员队伍建设，开展物业服务人员技能等级评级认定，开展最美物业人、职业技能竞赛等活动，将物业服务人员纳入保障性租赁住房保障范围，提高其服务技能，提升物业形象，增强定心乐业的归属感。

二、存在的主要问题

物业管理是重大的民生工程，事关百姓福祉、事关社会安定、事关执政根基；物业管理也是复杂的系统工程，与经济发展水平、社会治理能力、公民文明素养紧密相连。虽然近年来宜昌市住宅小区物业管理质效显著提升，但与人民群众对美好生活的向往、社会治理能力现代化的要求以及《条例》的规定相比，还有明显的差距。2023 年 5 月以来，市人大常委会调研组通过市人大代表履职服务平台、微信及网站问卷调查等形式征集到关于物业管理的问题线索和意见建议 4741 条，通过市监委、市信访局、县市区人大、12345 热线等收集整理投诉及建议 14219 条。综合分析，主要存在四个方面问题。

（一）市民投诉（反映）问题突出

当前市民投诉(反映)物业管理的十大问题是(按人数多少排序)：①停车难、充电难，车位只售不租；②物业服务质价不符，部分小区收费高、服务差；③存在消防、电梯、治安、城市内涝等安全隐患；④违建存量尚未消除，新的增量不断产生，违规改建、野蛮装修问题突出；⑤侵占公共绿地，毁绿种菜，改建私家花园，占用楼顶平台养宠物和种菜；⑥生活垃圾混投混装混运，垃圾投放点外溢脏乱，部分小区环境卫生脏乱差；⑦私家菜馆和私人会所油烟、噪声污染扰民，广场舞、空调噪音大；⑧物业纠纷案件多，2020—2022 年，全市法院共受理物业服务合同纠纷案件 9592 件，各年度分别为 2334 件、3498 件、3760 件，占当年新收民商事案件的比例分别为 8.32%、8.34%、9.8%，案件呈逐年上升趋势，投诉处理周期长，业主维权难；⑨部分小区公共设施配套不完善，房屋质量投诉多，开发建设遗留问题多；⑩相关职能部门职责不明，服务不主动不到位，街道和社区监管力量和手段方式有限，业主反映的部分突出问题久拖不决。

（二）宣传引导不够深入

开展物业管理相关法律法规宣传教育不够，相关方对物业管理工作中各自的责、权、利不够了解。物业企业依法管理、依法服务、依法经营理念还有欠缺。业主依法购买服务、自觉履约守规、依法理性维权意识有待加强，"进了小区门，就是物业事"的观念依然普遍存在，投票表决率低仍是导致当前维修资金使用难和业委会组建难的重要因素，居民付费购买物业服务观念尚未深入人心，特别是公益性托底小区物业费收取率不足30%，部分村民安置小区尚未实施物业收费管理。

（三）管理质效有待提升

一是配套制度不够完善。物业服务企业退出机制、物业收费价格调节机制、前期物业服务业主权益保障机制、代管和自管小区物业管理规章等亟待建立和完善。二是行业监管存在盲区。对涉及多部门联合处置问题，存在部门配合不够、相互推诿扯皮现象，沟通协作机制不够完善，少数职能部门责任界限不清，综合执法难进小区、质效不高，小区监管存在盲区。物业管理考核办法有待完善，行业信用体系不够健全，"红黑榜"评价结果应用缺乏刚性措施，物业企业收费议价、调价机制还不完善。三是专项治理不够有力。业主投诉集中、反映强烈的突出问题，治理成效不明显，有些问题久拖不决、长期存在。

（四）"三方联动"合力不足

"共同缔造"理念融入小区治理不够深入。地方政府属地责任压实不够。部分社区党组织在"三方联动"机制中的引领作用发挥不充分。业委会运转仍是小区物业管理的短板，部分业委会存在人选把关不严、作用发挥不够等问题。物业企业小、散、多的问题依然存在，代管和自管小区占比偏高，物业专业服务覆盖率有待提升。部分小区"三方联动"常态运行有差距。

三、工作建议

（一）进一步加大法律法规贯彻实施力度

一是深入宣传引导。以《物业管理条例》《湖北省物业服务和管理条例》《宜昌市住宅小区物业管理条例》为重点，创新宣传形式，用好"新媒体"，加大相关法律法规宣传普及力度，不断提高知晓度和覆盖面，形成人人关心、支持、参与物业管理的良好法治氛围。二是压实责任链条。坚持高位推进，将住宅小区物业管理纳入领导干部包保责任机制。依法厘清发展改革委、城管、公安、民政、自然资源和规划、住建、生态环境、市场监督管理、应急管理等各部门职责边界，细化责任清单。压实地方政府、居委会对小区物业服务管理活动的属地管理责任，推动社区、物业企业、业委会"三方联动"机制落地见效。三是完善制度标准。建立完善与服务标准相适应的物业收费机制和价格调整机制，形成"以质论价、质价相符"的物业服务收费体系。进一步完善物业服务企业退出机制，明确代管、自管小区物业管理规范，对暂时不能成立业委会的小区建立业主权益维护机制，促进物业服务和管理工作法治化、规范化。

（二）进一步深化突出问题专项治理

一是坚持问题导向。相关部门要对照条例规定，检查法定职责是否履行、法律规定是否落实、政策制度是否配套、监管措施是否见效，梳理存在问题，列出问题清单，制定整改措施，明确完成时限，以切实整改提升工作质效。二是回应群众关切。深入开展物业领域突出问题专项治理，对群众投诉多、社会反映强烈的重点难点问题进行集中整治，对问题较多的住宅小区实行重点帮扶，工作情况和整治成效向媒体公开，自觉接受群众监督，用实实在在的治理成效取信于民。三是加强跟踪督办。结合12345热线和信访投诉情况定期开展分析研判，对已解决的问题回头查看，对久拖不决的问题重点督办，做到问题不解决不放过，群众不满意不放过，确保专项治理有力有效。

（三）进一步汇聚物业管理的强大合力

一是坚持党建引领，推进共同缔造。持续加强党对物业管理工作的领导，推动物业行业党建"两个覆盖"从有形向有力转变，将物业服务企业的党建工作和群众满意度作为物业服务项目招投标、物业服务企业评比的重要指标。组建党建引领型业主委员会，充分发挥党员在业主自治管理中的先锋模范作用。全面提升小区党组织、业委会、物业服务企业覆盖率，深化党组织领导下的社区居委会、业主委员会和物业服务企业"四位一体"机制。二是坚持部门配合，推进综合执法进小区。统筹协调基层执法力量，建立完善工作规范，制作执法公示栏，在小区内公示各部门执法内容、流程、责任人等，对住宅小区违建违改、占用消防通道、侵占公共空间、油烟噪声扰民等现象协同作战，开展联合执法，依法处理违法违规行为。加大物业纠纷调处力度，发挥人民调解作用，深化溯源治理，推动小区物业纠纷案件明显下降。三是坚持共治共享，推进业主自治。探索建立民主、高效、透明的住宅小区事务决策机制，充分调动业主参与住宅小区事务管理的积极性，组织业主依法依规、民主决策小区公共事务，推动业主真正成为小区治理的主力军，共建共享美好家园。

> **点 评**
>
> 文章基于对宜昌市住宅小区物业管理基本情况专题调研的资料上，梳理了宜昌物业管理方面存在的问题，并提出有针对性的对策建议，旨在推动全市住宅小区物业管理水平不断提升，有力保障市民群众居有所安、居有所乐。

宜昌建设青年发展型城市的规划思考

王 琴　董朝霞　姚安立　李园园　李 静

一、背景

青年发展型城市是指扎实推进以人为核心的新型城镇化战略，积极践行青年优先发展理念，更好满足青年多样化、多层次发展型需求的政策环境和社会环境不断优化，青年创新创造活力与城市创新创造力相互激荡、青年高质量发展和城市高质量发展相互促进的城市发展方式。2021年底，《湖北省中长期青年发展规划（2017—2025年）》厅际联席会议第三次全体会议明确将"启动青年发展型城市建设试点工作"纳入2022年重点工作任务。2022年4月，十七部委制定了《关于开展青年发展型城市建设试点的意见》，决定开展青年发展型城市建设试点工作，扎实推进以人为核心的新型城镇化战略，践行青年优先发展理念，更好地满足青年多样化、多层次发展需求。2022年8月16日，宜昌作为湖北省唯一的全国青年发展型城市建设试点，举行了建设启动仪式，并发布《宜昌市建设青年发展型城市实施方案（2022—2025年）》。宜昌市委、市政府高度重视青年发展，将实施中长期青年发展规划写入市第七次党代会报告，将加快建设青年发展型城市列入市委重点推进事项清单，在全市范围内发出建设青年发展型城市的动员令。市委七届三次全会关于建设长江大保护典范城市的意见中指出要着力建设"乐居、立业、活力、有为"的青年发展型城市。

二、城市现状

（一）现状优势

交通枢纽蓄势待发。宜昌处于"长三角—成渝主轴"和"二湛通道"的黄金十字交会处，且拥有区域内最具规模和能级优势的三峡机场、白洋港等综合枢纽，是长江水运干道沿线、国家级高铁交会的唯一非省会城市，是中部地区最具"大通道"和"大枢纽"优势的区域性中心城市。

经济实力地位凸显。2021年宜昌市GDP为5022亿元，经济增速居全省第一。宜昌产业基础良好，拥有全国最大的磷矿产业，生物医药产业具备全球布局能力，正在形成装备制造、新能源、新材料等规模化产业集群，正在争取依托三峡工程建设第9个全国一体化大数据中心算力节点。宜昌可凭借产业优势和创新基础，吸引高端生产要素集聚，承接武汉、重庆的产业转移。

资源禀赋吸引力足。宜昌山水资源富集，境内4A级以上景区数量位居全国前列。宜昌历史悠久，人文厚重，巴楚文化源远流长，是世界历史文化名人屈原、古代民族团结使者王昭君的故里，对省内及周边毗邻地区具有较强的市场吸引力。

（二）现实困境

人口结构不优，宜昌青年人口占比低于全国、全省水平。宜昌市大数据中心数据显示，截至2022年3月，全市14~35周岁青年人口总数为81.94万人，占全市人口比重约为22.15%。据团中央公布数据，全国14~35周岁青年人口约4亿人，占总人口数比重约为28.4%。湖北省青年占比为25.52%，类比深圳占比超过50%、成都占比为32%，宜昌青年人口占比低于全国、全省水平。

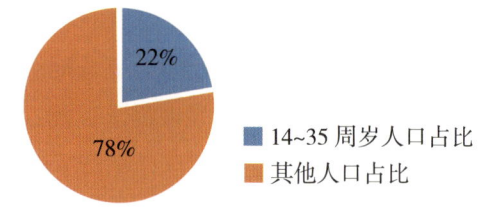

图1　宜昌市14~35周岁人口占全市人口百分比示意图

数据来源：宜昌市青年发展城市调研报告

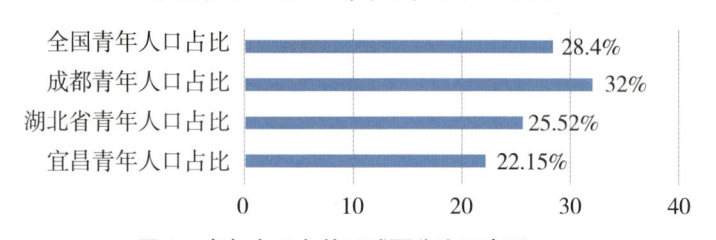

图2　青年人口占其区域百分比示意图

数据来源：宜昌市青年发展城市调研报告

服务品质不高，与宜昌青年需求匹配度有差距。城区公共服务大多已解决"从无到有"的问题，但能级品质和青年匹配度不高。青年群体普遍渴望更高品质的文化类消费服务和户外类公共休闲空间（步道、健身器材、室外公共休闲空间及极限运动设施）。

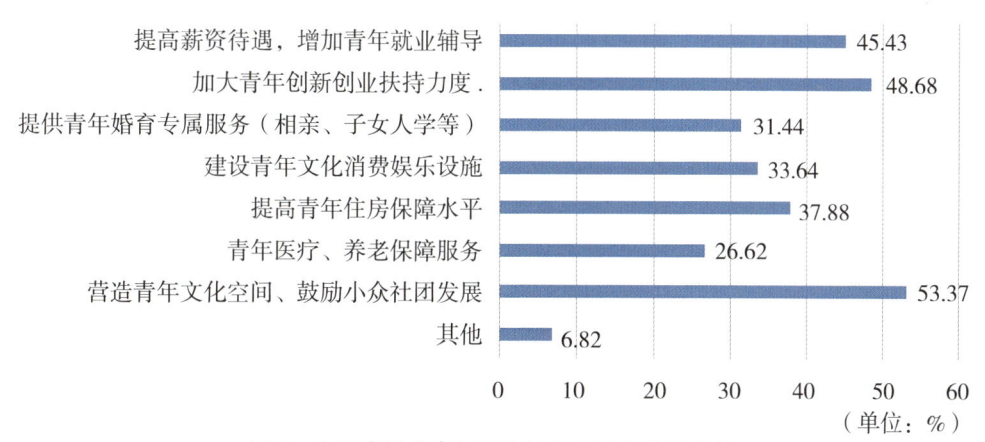

打造人城景业融合共生的绿色低碳城市

项目	百分比
提高薪资待遇，增加青年就业辅导	45.43
加大青年创新创业扶持力度	48.68
提供青年婚育专属服务（相亲、子女入学等）	31.44
建设青年文化消费娱乐设施	33.64
提高青年住房保障水平	37.88
青年医疗、养老保障服务	26.62
营造青年文化空间、鼓励小众社团发展	53.37
其他	6.82

图3 宜昌市样本青年群体认为需要改善的服务

数据来源：宜昌市青年发展城市调研报告

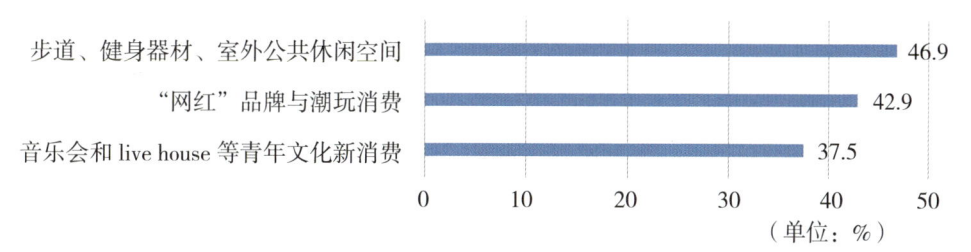

项目	百分比
步道、健身器材、室外公共休闲空间	46.9
"网红"品牌与潮玩消费	42.9
音乐会和live house等青年文化新消费	37.5

图4 宜昌市样本青年群体希望增设的休闲消费项目（单位：%）

数据来源：宜昌市青年发展城市调研报告

产业结构和产业发展不优，对青年的就业吸引力不足。宜昌产业发展仍然较为传统，对化工产业的依赖程度较高，对青年的吸引力不足。虽然宜昌也正在积极培育新动能，但全市高新技术产业发展相对缓慢，产业层次相对偏低，关键领域创新能力偏弱。

产、城、人的融合度偏低，职住平衡不够。城市和产业的空间分布较为散乱，宜昌城区各组团之间普遍存在长距离通勤，出行结构以机动车为主，公交出行比重偏低，导致高峰期道路拥堵严重、停车难等城市问题。

文化影响不足。三峡是宜昌自然人文IP象征，在国际层面的影响力与鼓浪屿、莫高窟处于同一级别，但在国内的影响力相比其他城市较低；江豚是宜昌动植物IP象征，目前仍处于培育阶段；屈原作为世界文化名人，其宣传体验运营还需进一步提升。

参与感受不强。社区青年的参与度和成就感不强，尤其是老旧小区中老年人较多，与青年居民交往不够，难以形成共建共享共治的社区氛围。

三、宜昌建设青年发展型城市的规划策略和路径

（一）乐居宜昌：营造美好环境与幸福生活缔造的新示范

1. 锚固生态景观格局，守护山水城融的大美生境

锚固市域"两脉青山、两江四水"的生态格局，坚持山水润城和生态修复，以"串园连山"搭建城市生态脉络，以"增花添彩"提升城市颜值气质，以"水系连通"活化城市碧水蓝网，构建"显山、见水、透绿"的蓝绿空间。以滨江公园城市建设为契机，打造一批城市公园、郊野公园、社区公园，实现"推窗见绿、出门见园、四季见彩"。加快推进建设屈原文化公园、三峡中央公园、长江三峡国家公园，改造提升东山公园、儿童公园等，谋划建设百里洲国家生态岛。

市域"两脉青山、两江四水"
数据来源：宜昌2050发展战略规划

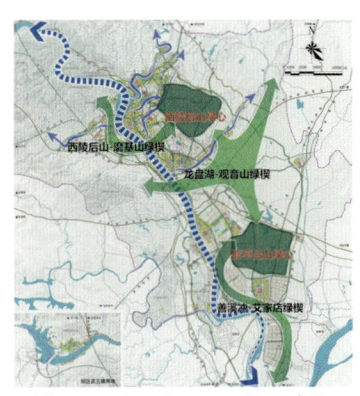

城区"一江两心、三楔四廊"
数据来源：课题组绘制

图5 自然生态景观格局

2. 完善住房保障体系，构筑个性多元的青年乐居

一是提供多元化的住房产品。面向青年的多元化、多层次化的个性居住需求，提供蜂族公寓、酒店式公寓、公租房、限价房等多类型住宅产品。鼓励新建和利用存量房屋改造建设保障性租赁住房，满足新青年和新产业工人住房需求。

二是控制购（租）房成本，探索租售同权。控制房价收入比和房租收入比，保证一定比例的社会保障性住房和廉租房。面向创新创业型人才，提供一定比例的高品质青年人才公寓及购房补贴。开展城中村改造"回头看"行动，通过密度疏解和社区更新等方式，改造提升为较低成本的生活空间。

3.关注青年人群需求,强化便捷优质的服务供给

一是关注便捷需求,完善生活圈配套设施体系。围绕基本公共服务均等化,打造5分钟、10分钟、15分钟生活圈居住区配套设施。向青年群体提供更加开放共享、更加优美活力的就业、生活、交流场所。引入24小时便利店、创业咖啡厅、智慧图书馆、社区健身房等新兴业态,形成青年友好的全时段运营社区。

二是关注品质需求,提供高水平医疗教育资源。引进1~2家国家优质医院,拓展大健康、医疗美容等特色医疗,提升综合医疗服务水平,严格落实社区卫生服务设施布局,实现"基层医疗服务机构全覆盖"。

三是关注通勤需求,实现职住平衡的空间布局。遵循"城—人—产"的底层逻辑,坚持规划引领,优化城市空间布局,盘活各组团内部产城空间布局体系,关注组团内循环效率,实现功能综合、产城融合、职住平衡。

(二)立业宜昌:打造极具区域影响力的青年就业新高地

1.极化宜昌圈主地位,提升城市区域圈层影响力

依托"长三角—成渝主轴"和"二湛通道"黄金十字交会交通优势,辐射鄂西渝东、聚焦宜荆荆都市圈、极化宜昌中心城市三个层次,全面提升中心城市和都市圈的影响力,吸引周边区域青年人口来宜就业发展。通过高铁、城铁、市域(郊)铁路共同打造宜荆荆1小时交通圈,推动绿色化工等产业"三角"协作、共链强链,全面拓展"双扇面"腹地,形成引领鄂渝湘协同发展的新增长极。

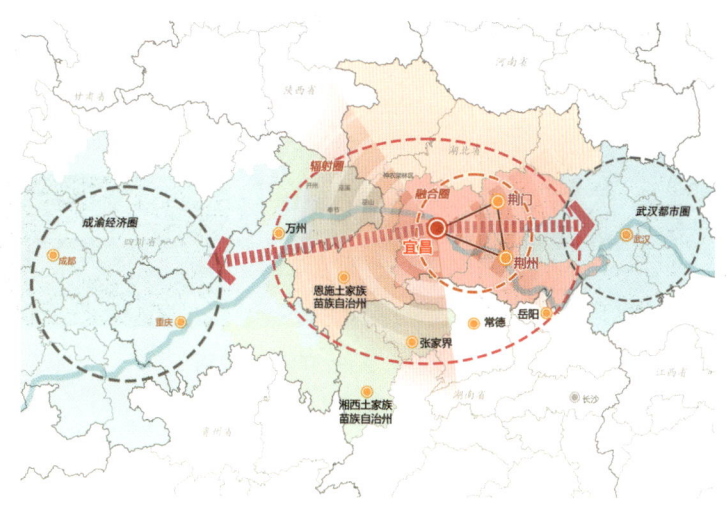

图6 区域圈层影响力示意图

资料来源:课题组绘制

2. 打造双创赋能平台，倍增青年就业发展新机遇

一是支持青年科技创新。充分发挥湖北三峡实验室辐射效应，抢抓国家"东数西算"机遇，依托环三峡大学生态圈、宜昌科教城、"宜荆荆恩"科创走廊，引导广大青年顺应时代发展趋势，积极投身 5G、人工智能、数字经济等领域，不断完善青年科技创新生态。通过营造创新创业氛围、增加创新创业平台，为青年提供了更多的就业发展机会。

二是定向培养产业人群。高标准建设宜昌科教城，引进 1~2 所全国一流的科技应用型、职业教育型大专院校和科研院所，优化职业教育专业设置，为宜昌在未来科技应用、产业创新等领域提供人才保障。围绕宜昌优势产业集群，推广"订单式"培养，推进"人才+资本+场景"建设，加强创新型、应用型、技能型、研究型人才培养，推动头部企业与高校联合实施培养计划。

（三）活力宜昌：筑就青年城市为青年的品质生活新典范

1. 依托未来社区单元，强调人本价值的服务理念

聚焦青年人的品质生活需求和托幼养老等"后顾之忧"，以 5~10 分钟生活圈和 1 平方千米居住区为基本单元打造未来社区，营造邻里场景、教育场景、创业场景、交通场景、低碳场景、建筑场景、服务场景、治理场景等九大服务场景。

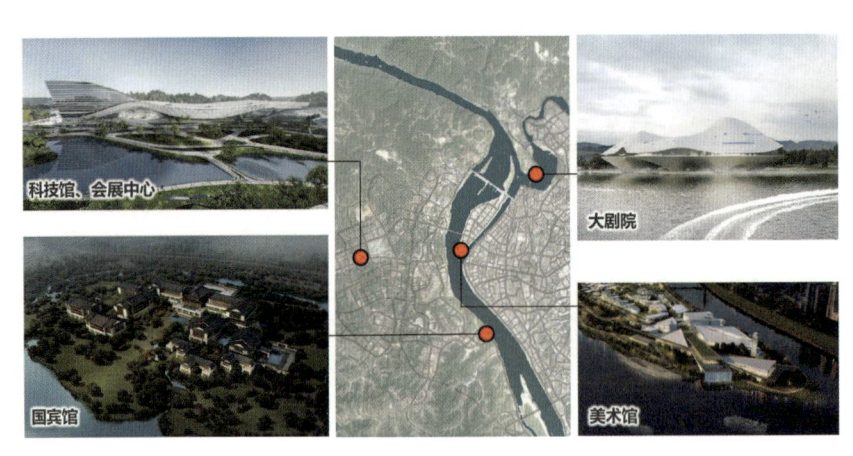

图 7　大型文化公共设施区位示意图

资料来源：课题组绘制

2. 营造多元活动场所，满足青年人群的交往集聚

一是提升新锐消费水平。培育高端化与大众化并存、快节奏与慢生活兼具的消费场所。精细化改造国贸大厦、万达广场、水悦城等主城传统商圈；高标准建

设"两岛一湾区"（西坝不夜岛区域性文旅消费中心、平湖半岛国际交往中心、长江三峡国家文化公园核心大湾区）。

二是提高文体休闲娱乐设施配置标准。高水平建设宜昌科技馆、会展中心、大剧院（音乐厅）、美术馆等大型文化设施，积极谋划长江三峡物种保护基因库、三线建设历史展示馆、屈原文化研究和展示场所等区域级特色文化设施建设，提升场馆国际化服务水平，面向不同层次人群承接国际会展、运动赛事、音乐戏剧、艺术展览、街头演出等多元文体活动，吸引青年人的关注和参与。

（四）有为宜昌：树立充满凝聚力的青年志愿之城新标杆

以"城市让青年更有为，青年让城市更美好"为导向，促进城市与青年在价值理念上共融互促的良性发展。提升青年参与社会公益活动的热度，探索志愿服务融入城市治理体系，建设"志在宜昌、爱满宜昌"的青年志愿之城。联合三峡大学共同开展"规划师进社区"活动，邀请一批科班出身的年轻规划师作为"社区参谋"参与社区共建共治；结合筑堡工程开展常态化青年下沉社区活动，讲述青年故事，树立青年标杆，让青年在城市建设和治理中有获得、有感知、有归属。

（五）宜昌建设青年发展型城市指标体系构建

在宜昌建设长江大保护典范城市的总体目标下，结合宜昌实际，提出宜昌建设青年发展型城市的指标体系。今后，建议将该指标体系纳入每年的国土空间规划体检评估中，考察宜昌建设青年发展型城市的推进情况，及时调整政策措施。

表1　　　　宜昌建设青年发展型城市指标体系一栏表

编号	指标项	现状值	目标值	备注
1	全市域蓝绿空间（不含农业空间）占比（%）	72	70	
2	市区青年人口占常住人口的比例（%）	—	30	广州、佛山30% 深圳37%、东莞39%
3	新增住户中租赁住房比例（%）	—	10	武汉：6%~10% 上海虹桥：33%
4	房价收入比	—	0.5	长沙0.22
5	卫生、养老、教育、文化、体育等社区公共服务设施10分钟步行可达覆盖率（%）	—	90	国土空间规划：80%
6	绿道网密度（千米/千米^2）	—	1.0	杭州1.2 成都天府新区1.18
7	众创空间/孵化器数量（个/10万人）	0.2	3.5	杭州3.7、上海3.5 北京4.7、武汉2.6

续表

编号	指标项	现状值	目标值	备注
8	应届毕业生留存率（%）	30	70	上海 80%，深圳 80%
9	国际会议、展览、体育赛事数量（次）	2018 年：4 2020 年：0	10	上海虹桥：15
10	滨江公共功能（包括公共服务、商业商务、绿地公园等公共功能）岸线占比（%）	25	50	上海黄浦江沿岸 58%

四、工作建议

（一）强化规划引领

一是加快推进宜昌市级国土空间总体规划，形成覆盖全域、动态更新、权威统一的国土空间规划"一张图"，夯实行动总纲领；二是加快推动东部未来城、高铁新城、宜昌科教城、"两岛一湾"等重点片区规划编制和实施，不断完善城市功能；三是开展滨江地区风貌管控规划，切实保护城市格局风貌。

（二）推进项目落地

建立宜昌青年发展型城市建设项目库。围绕青年乐居、青年立业、青年活力、青年有为四个行动维度，聚焦重点区域，制定项目库，尽快推动重大项目落地见效。通过项目实践经验探索，形成一批可推广、可复制的示范项目，有序推动青年发展型城市建设。

（三）完善监测评估

建立宜昌建设青年发展型城市指标体系，将指标完成情况纳入国土空间规划体检评估，开展"一年一体检、五年一评估"，对工作成效进行动态监测。

（作者单位：宜昌市地理信息和规划编制研究中心）

点 评

文章系统梳理宜昌城市概况和建设青年发展型城市的现实基础，剖析建设青年发展型城市的现实困境，从"乐居、立业、活力、有为"等四个维度探索提出宜昌建设青年发展型城市的规划策略和路径，构建"乐居宜昌、立业宜昌、活力宜昌、有为宜昌"，力求将宜昌打造成为建设青年发展型城市的新高地、新典范、新标杆。

打造高端化智能化绿色化的现代产业体系

优化提升宜昌物流营商环境

任小军 江华 毛劲松 杨丽霞 朱宛玉

党的二十大提出,"完善产权保护、市场准入、公平竞争、社会信用等市场经济基础制度,优化营商环境。""加快发展物联网,建设高效顺畅的流通体系,降低物流成本。"省第十二次党代会要求进一步优化营商环境,建设全国构建新发展格局先行区。市第七次党代会提出"加快建设长江咽喉枢纽""全面提升区域物流中心功能"。通过营造市场化、法治化、国际化物流营商环境,推动现代物流体系建设,保障产业链畅通稳定。

一、宜昌市物流业发展基本情况

（一）宜昌物流进入国家级战略

在省内,仅有宜昌、武汉先后获得首批国家物流枢纽、"十四五"首批国家骨干冷链物流基地、国家级多式联运示范工程等殊荣。"加快宜昌国家物流枢纽建设"写入了党中央、国务院《关于新时代推动中部地区高质量发展的意见》,也是该《意见》唯一点到宜昌的内容。在全国首开"服务于枢纽的枢纽""中国中部中等城市中转物流"理念先河,入选国家发展改革委"十四五"规划两个推广案例。

（二）物流产业规模实现历史性突破

2022年,全市社会物流总额预计超1.4万亿元,同比增长10%,社会物流总费用占GDP比例降至13.4%,同比下降0.58个百分点,相当于每百亿GDP物流费用节约5800万元,优于全国平均水平。新增A级物流企业20家,总数达到137家,增速全省第一。新增年交易额破百亿元的物流园区1家。三峡智慧物流园、宜昌传化公路港等一批10亿元以上物流项目开工建设。新增冷库库容30万立方米,年度目标任务翻倍完成,总库容破90万立方米。

图 1　宜昌国家物流枢纽建设城市承建项目白洋港

（三）高质量构建供应链物流体系

依托宜昌特点，创新提出粮食、钢材、林浆纸、化工、矿石、煤炭供应链以及会展宾馆旅游"6+1"产业供应链研究方向。打造宜昌多式联运中转中心，全年多式联运吞吐量突破 1800 万吨，相当于 4.5 个三峡升船机年货运吞吐能力。全程铁水联运首破 5000 箱，同比增长 30.3%。钟摆航线突破 1.5 万标箱，同比增长 60.5%，为沿线生产企业节约物流成本 525 万元。

二、宜昌优化物流营商环境取得的主要成效

（一）政务环境——加强政策支持，优化政务服务

1. 税费减免政策

宜昌市积极落实国家、省级减税降费支持政策，降低物流税费成本。以留抵退税政策为例，宜昌市主动申报留抵退税等税费优惠的物流企业均已享受税收政策，仅宜港集团就获得增值税期末留抵退税 3000 多万元。此外，还有全额返还工会经费、阶段性降低失业保险、工伤保险费率等政策。

2. 资金支持补助

市人民政府先后出台《关于进一步推进现代物流业转型升级促进实体经济发展的实施意见》《支持物流企业抗疫情保畅通促发展六条措施的通知》《宜昌市降低物流成本支持物流产业发展若干措施》等政策。2022 年，宜昌市服务业发展领导小组将历年物流业支持政策纳入《宜昌市服务业发展奖励补贴办法》并组

织实施。2020年以来，国家、省级、市级共发放支持资金5.78亿元，其中市级物流奖补资金专项补贴共发放3382万元。

3. 提供便利服务

物流部门联合交警部门，在三峡物流园开展"流动车管所进物流园区"，现场为园区内50余家企业提供现场年审、换证等服务38笔，现场为物流企业提供咨询66个，为企业联系车辆212台。海关部门对进口集装箱采取"车船直提"绿通服务，网上预约实现进口集装箱岸边直提，通关时间由1天压缩至20分钟。

4. 下沉企业一线

通过市级"双千"平台，协调解决企业难题，如安琪集团小罐脱模油（有限数量危险品）中转中心宜昌入园分拨难问题、城区限行规则改变导致三峡银岭冷链物流配送车进城难问题、宜化集团"重点物资运输车辆通行证"办理问题、夷陵红产品出口缺乏冷链物流车问题等。以"下基层察民情解民忧暖民心"实践活动为契机，对企业反映问题立行立办。例如，针对疫情以来全国普遍存在的外贸箱源不足问题，宜昌市物流部门对接中远海等船务公司，从武汉、上海组织马士基（MSK）等大船东在宜常态化保持三位数箱源，缓解宜昌外贸集装箱一箱难求的问题。

图2 三峡银岭冷链物流园由三星升为四星综合型冷链物流企业

（二）市场环境——聚焦企业所需，优化市场运营

5. 降低要素成本

用地上，疫情以来，市物流部门鼓励引导葛洲坝物流、天元物流、宜港集团、

长阳百誉等物流园区减免园区租金1713万元，惠及千家园区商户。水电气上，秭归县、夷陵区对在农村建设的保鲜仓库设施用电实行农业生产电价，平均每度电节约0.15元，降幅达24%。对三峡银岭冷链物流园等用电大户，落实峰谷分时电价优惠政策。用工上，2020年以来，通过落实用工补贴、社保缴费按比例返还等政策，缓解企业用工成本。2023年实施了阶段性缓缴企业职工养老、失业、工伤保险费政策，进一步缓解企业用工资金压力。

6. 优化设施技术

宜昌市在全省率先建立三峡（宜昌）智慧物流公共信息平台，面向物流企业提供信息整合服务。白洋港疏港铁路全国首创铁路引入码头平台，采用车船直取作业模式提高转运效率近50%。云池港根据生产需要量身定制40吨岸桥专用电液抓斗，单次装车效率可提升25%，增强了设备使用灵活性和泊位利用率。江山贝尔公铁多式联运物流园引进"动态电子轨道衡"，实时同步作业数据，精确计算一列火车（皮）重量从过去的30分钟节省至5分钟。

7. 畅通融资渠道

2020年复工复产期间，根据中国人民银行紧急安排的专项再贷款额度政策，有45家物流企业新增授信9.5亿元，39家企业获得金融贷款6亿元，低于同期贷款基础利率约2.6%。2022年以来，对因受疫情影响，货车司机偿还汽车贷款暂时存在困难的，商业银行等金融机构对其安排了延期、展期、续贷等服务。2022年，7家商业银行自5月1日以来累计发放交通物流贷款702笔，达3.75亿元，累计向上申报交通物流专项再贷款123笔，达1.63亿元。

（三）人文法治环境——完备人才体系，推动行业共赢

8. 强化人才培养

三峡大学、湖北三峡职业技术学院设有物流专业，培养管理、专技物流人才。通过"产学研"与湖北三峡职业技术学院对接，推动校企合作，三峡物流园、三峡银岭冷链物流园、秭归华维物流园、长阳百誉物流园成为该校物流专业学生实习培训基地。高度重视供应链人才培养，组织宜昌优质物流企业业务骨干参加湖北省供应链领军人才选拔培养计划。

9. 行业协会引领

宜昌市物流行业成立了物流协会，建立了向下连接企业，向上反馈问题的统一平台。物流协会还成立功能性党支部，联合物流企业自身党支部发挥先锋模范

作用。物流部门还将长阳百誉、秭归华维企业基层党支部作为"两新"领域工作联系点，增强物流企业党组织功能，促进非公有制物流企业健康发展。疫情期间，政府通过协会，引导物流企业、司机始终奋战在抗疫保通保畅第一线。物流协会主动发挥司机党支部堡垒作用，联合高速交警开展"云哨"交通安全"金钟罩"主题宣传活动，最大限度消除货车司机高速出行隐患。

三、宜昌市物流营商环境存在的主要问题

（一）金融环境——融资贷款难度大

物流行业内有按季度或年度结款的账期滞后特性，而企业每月又需要支付司机薪资等固定开支，导致物流企业对流动资金需求大。由于部分银行贷款仍采取抵押式授信，且担保条件较高，认可的抵押物偏少，而大部分物流企业固定资产少，暂时没有适合物流中小微企业的应收账款质押等融资手段。

（二）通行环境——通行成本高

公路运输物流成本中，通行费占30%~32%。湖北省在省内高速公路对集卡车在5%基本优惠的基础上，再给予省内通行费9折优惠。但可享受政策的车型仅限于集卡车，优惠力度较小、覆盖范围不广，导致货车司机获得感不足。此外，宜昌市免费通行大桥对货车通行采取时段限制，虽是出于缓解交通拥堵、保障交通安全考虑，但一定程度上影响了物流时效。如至喜长江大桥允许货车通行时间为10：00至16：00，与物流企业傍晚装车连夜发出的时间安排不匹配。

（三）用工燃料——招工难，燃料贵

劳动密集型的货车司机用工缺口有所扩大，特别是年轻货车司机较少，一方面年轻人不愿意从事货车司机职业，另一方面货车司机驾照获取难度大。油费占公路运输物流成本44%，但2023年以来国内成品油价格13次上涨，企业燃油成本不断增加。由于处于市场弱势地位，未形成有效的价格联动，物流企业面临"干一天亏一天"的境地。

（四）诚信安全——市场数据垄断风险

网络货运平台等物流新兴模式的出现，推动了物流行业新兴问题的产生。信息化高速发展阶段，"满帮"等平台依托自身垄断货运信息，压低司机运价，大部分中小微企业因缺乏议价能力和调价机制，货车司机权益受损。

（五）保险税费——物流保险门槛高

保险公司对于大型物流企业往往保险费率较低、保费优惠较大，而对于中小微企业保费居高不下、保险条件苛刻。保险企业对理赔货物的货值、货类等各方面均有着较为严苛的标准，且赔付周期很长。由于货运保险产品不健全，大部分企业很难购买物流责任险，出现车辆"裸跑"现象。

四、优化物流营商环境的对策建议

（一）产业支持方面

一是结合市场需求适时转型升级。从传统搬运装卸转向专业化、精细化、智能化等增值能力更高的物流服务，培育一批优质物流企业，加大企业入规入统。二是着力提高行业发展水平。目前，物流行业正处于重振恢复时期，通过帮助企业申报A级、规上等资质，加强企业信用修复等措施提升企业自身实力。三是深化"双千"活动、"筑堡"工程。发挥联企干部作用，利用走访、行业协会等渠道加大惠企政策宣传力度，为企业申报相关政策资金项目提供专业指导。

（二）金融融资方面

推动落实《保障中小企业款项支付条例》，缓解物流企业垫付运费的资金压力。指导金融机构和大型企业支持中小微企业应收账款质押等融资。针对物流企业账期滞后的特殊情况，建议银行积极探索，利用承兑汇票、应收账款等货币性资产抵押授信的金融产品，满足物流企业融资贷款需求。

（三）车辆通行方面

普及高速公路差异化收费，根据不同路段、时段、车型等多种模式相结合，进行差异化收费。同时对新能源货车予以通行优惠。此外，适当放开城市货车通行权，特别是对保障民生的如冷藏运输车、城市配送车等给予通行便利。

（四）要素保障方面

用电上，冷库储存农产品属于农产品初加工用电，要进一步推动银岭等冷链物流企业按规使用农业电价。用地方面，继续贯彻落实物流企业大宗商品仓储设施用地6000平方米以上减半征收城镇土地使用税等优惠政策。用工上，延续实施普惠性失业保险稳岗返还政策等用工保障措施，加强校企合作，深化"产学研"。燃料上，燃油费受国家宏观调控，只能通过国家层面适当下调燃油消费税，分担油价上涨压力。建议地方上可以推进油价联动机制，油价上涨的情况下适当增加运费，产业链各端共同分担油价上涨压力。

（五）公平竞争方面

各政府部门建立信息平台并与城市大脑数字底座对接，丰富和优化平台功能，加强数据治理，整合行业数据，打破企业垄断。加强行业自律规范，明确市场交易规则。通过集体提高行业话语权和议价权，保障小微物流企业和个体运输司机权利。

（六）物流保险方面

一是推广物流责任险，有序规范和合理疏导货运车辆保险统筹管理，开展相关试点工作。二是强化物流保险行业规范管理，引导保险机构丰富产品供给、提升服务质量，进一步降低投保门槛和保险费率。

（作者单位：宜昌市物流业发展中心）

点 评

文章立足全市物流业发展现状，客观分析了宜昌市物流业发展基本情况和物流营商环境取得的主要成效，并从金融、通行、用工、诚信等方面分析物流主体面临的主要经营堵点，逐项提出了解决对策，对全市物流业未来发展特别是营造物流一流营商环境极具现实意义。

宜昌打造全国数字经济发展高地的路径研究

柳作林 谢 潮

党的二十大报告提出,"加快发展数字经济,促进数字经济和实体经济深度融合,打造具有国际竞争力的数字产业集群。"在数字化转型的时代浪潮中,宜昌市应抓住时代赋予的机遇和责任,以大力促进大数据及算力经济产业为抓手,从整体布局数字经济发展战略,利用好自身优势,抓住突破口,打造全国数字经济发展高地。

一、宜昌市数字经济发展现状

(一)政策性环境进一步优化

宜昌市近年来高度重视数字经济发展,先后印发并实施《宜昌市数字经济发展"十四五"规划》《宜昌市支持数字经济发展的若干政策(试行)》《宜昌市推动产业集中高质量发展实施方案》等一系列文件,科学布局、协作推进,找准痛点、难点、关键点,统领数字经济创新发展,为数字经济核心产业发展提供制度保障和政策支持,为数字宜昌营造良好的政策环境。

(二)基础性设施进一步完善

数字基建是宜昌市构建数字化底座的根基,宜昌市加速推进信息基础设施建设,迅速建成双千兆宽带,5G基站数达12573个,每万人拥有5G基站数14.1个,5G用户占比27%,5G商用规模位居全省前列;10G-PON端口占比37%,500M及以上用户占比达28%,全面实现光纤到企入户,中心城区全光千兆实现100%覆盖,基本建成全光纤网络城市。宜昌市已经成为国家千兆城市和国家信息消费示范城市、全国城市数字公共基础设施试点、中部首个拥有工业互联网标识解析二级节点和"星火·链网"骨干节点的"双节点"城市。

图1　三峡（宜昌）大数据产业园

（三）数字化转型有序推进

全面推进数字化转型，是提升城市数字竞争力、探索超大城市社会治理的关键之举。宜昌市初步构建了全市工业互联网网络、平台、安全三大功能体系，产业数字化改造升级和新型基础设施建设稳步推进，东岳庙大数据中心二期、曙光（宜昌）创新综合体等重点项目建设有序推进，数据中心规模逐步壮大，网络基础设施趋于完善，算力、优化运力、增强储力不断提升，持续推动互联网、大数据、人工智能同一、二、三产业深度融合，特别是推广"5G+工业互联网"成熟方案，工业数字化转型加快。以点军区为例，点军区大力发展算力基础设施建设，算力中心、算力运营、算力应用、底层芯片等关键环节全面布局，多个算力中心建设如火如荼，已成功引入是石科技、贝式计算、东方超算等国内顶尖算力运营团队，以及数字城市、北斗应用、时空网格码、工业AI、地震监测、数据要素加工处理等一系列算力应用类企业。在芯片底层领域，点军区引入睿芯IC云平台、曙光国产化软件应用中心、硅光芯片等创新板块，打造算力产业版图上的核心竞争力。

二、当前宜昌发展数字经济面临的挑战

（一）同类城市数字经济赛道竞争日趋激烈

当前，数字化转型为推动各地经济社会发展重要引擎的作用已经成为社会的普遍共识，全国已有超过200多个地级市将城市数字化转型建设作为城市发展战略予以推进，紧锣密鼓地开展数字化布局，旨在抢占先机。据工信部中国电子信息产业发展研究院直属机构赛迪顾问发布的"2023数字百强市"和《2023中国数字城市竞争力研究报告》显示：宜昌排名第85位，落后于洛阳（第60位）、南阳（第71位）。纵览全国各个发达城市，数字化产业发展如火如荼，既为我国发展数字化营造良好的氛围，也带来了前所未有的挑战，推进数字化进程如逆水行舟、不进则退。

（二）龙头企业数量和规模优势未形成

总体来看，宜昌市数字化转型建设尚处在能力搭建阶段，部分传统行业正处于转型升级瓶颈期，中小型企业内部信息化基础较差，应用数字技术能力不足。由于数字经济对于技术、资金的依赖度较高，启动和运行基本上要依靠相关领域的龙头企业来驱动和支撑，而宜昌市恰恰缺少兼具国际竞争力和创新引领力的行业龙头企业。创新发展数字经济的人才智力资源紧缺，尤其是融合型、实用型人才缺口较大，人才集聚能力相对有限，发展数字经济的智力支撑亟待强化。

（三）数据要素价值的挖掘和运用力度不足

主要表现在两个方面：一是政府层面，跨区域、跨行业、跨部门、跨层级全方位的数据资源共享交换体制尚不完善，数据碎片化、数据壁垒、数据"孤岛"现象等问题不同程度存在。政府各部门数据库之间还存在共享和流通的壁垒，制约数据交换共享、数据供需对接和有效使用。二是企业层面，企业获取数据的便利程度较低，目前绝大部分企业数据融合都没有从顶层去规划，缺乏全局视图，而是一些局部的设备级、产线级的优化，难以看到整体效果。

（四）数字产业化面临许多困难

数字产业化是数字经济的核心产业，完全依赖于数字技术、数据要素的各类经济活动，但是宜昌市数字产业化尚处于探索起步阶段，诸如数字产品制造业、数字产品服务业、数字技术应用业、数字要素驱动业等产业均处于萌芽阶段，没有成熟的产业生态。

三、促进宜昌市数字经济发展的路径研究

（一）聚焦数据要素，布局数据存储、计算、应用等产业，抢占数字经济发展先机

1. 抢占流量风口，建设一批数据中心

一是应加强与三峡集团的全面合作，全力支持三峡集团发挥电能、区位、资金等方面优势在宜昌建设大数据中心，将田秋渔数据中心、东岳庙数据中心、紫阳大数据中心打造成为国家新基建大数据中心产业标杆项目。二是要主导培育"宜昌－荆州－荆门"化工特色工业大数据产业链，不遗余力地主动对接国家各部委、四大电信运营商、国有重点金融机构以及央企龙头，争取更多的大型数据中心、智能计算中心、边缘数据中心、行业数据中心等数据中心重点项目或示范试点落户宜昌，形成聚集效应。三是基于区位、土地、用电和安防优势，瞄准异地容灾、安全系统、数据备份、逆向 DNS、系统集成、负载均衡等大数据中心增值服务业务，争取招引光环新网、数据港、鹏博士、万国数据等第三方数据中心服务商来宜昌考察、投资。

2. 抢占智能高地，发展一批软件产业

数字经济的快速发展离不开强大的数字基础设施，一是要全力支持东土科技加快"5G+工业互联网"产业发展，推动工业 APP 软件承载平台以及控制硬件平台项目落户宜昌，构建中部地区 100%"自主可控"的工业互联网产业聚集地和工业大数据中心。二是结合化工、食品等产业优势，探索科研承包、揭榜挂帅等产学研协同创新机制，激发技术改造、产业升级等自主创新动力，发展传统优势产业领域的研发设计软件、生产控制软件、信息管理软件，相关国资背景企业应在软件业务上积极作为，着手发展大数据平台、云计算平台、人工智能平台、物联网等平台软件，参与软件关键核心技术突破行动。三是制定和实施软件人才招引计划，谋划设立智能电网、智能物流、智能交通等软件产品研究中心，培养超高压继电保护、变电站自动化等领域应用软件人才，对于架构师、前端开发工程师、后端开发工程师、运维工程师、算法工程师等技术人员在人才招引政策予以重点倾斜。

3. 抢抓算力建设，布局一批算力产业

集中力量推进算力基础设施建设，加快国家先进计算产业创新（宜昌）中心

建设，谋划布局多种计算单元集成、混合精度的通用智能算力，配置成熟易用的人工智能全栈运行环境，加快建成国家新一代人工智能算力开放创新平台，积极参与国家超算互联网、中国算力网等算力网络建设，配合省级部门做好全省一体化算力调度中心建设，为人工智能产业发展提供高效公共算力服务。逐步培养和提升算力赋能应用能力，聚焦科学研究、北斗运用、环境监测等重点领域，积极争取国家重大科技基础设施、国家重点实验室等创新平台使用超算算力，支持大模型企业、中小微企业、科研机构、高校等使用算力，构建一批各具特色的算法检测、验证、对接交易等公共技术服务平台。

4.抢占应用前沿，丰富一批应用场景

要聚焦大数据、云计算、物联网、工业互联网、区块链、人工智能、虚拟现实和增强现实、5G技术应用领域，建立"宜荆荆恩"城市群数字经济应用场景协同开发机制，以智慧政务为起点，通过数字赋能强化公共服务供给功能，形成一批智慧城市和数字乡村样板，逐步推动政府数据、行业数据、企业数据平台的共建共享共用，推进智慧文旅、智慧医疗、智慧康养、智能交通、智能制造、智慧农业、智慧家电的场景应用，打造智慧停车、智慧医院、智慧社区和智慧景区等一批场景应用示范点，推动"5G+智慧工厂""5G+VR""5G+智慧医疗"和"5G+智慧文旅"等应用场景落地。

（二）聚焦龙头企业，强化招引、培育、扶持等措施，提升数字经济发展能级

1.打造数字经济产业生态

以"超算数字经济生态"为依托，构建"技术+人才+资本+平台"的全要素产业生态，搭建基于国产软硬件的人工智能训练和服务基础设施，提升数据管理经验、算力基础设施工程化运营能力、底层系统优化能力、算法设计能力、业务场景落地能力，聚焦人工智能、大数据、区块链、元宇宙等产业，梳理产业图谱，全力支持头部企业在宜昌组建数字经济产业生态圈，打造自主可控的人工智能技术体系和产业生态。

2.建设算力产业集聚区

规划建设算力产业地标，发挥点军区、夷陵区特色优势和资源禀赋，选择条件相对成熟的区域，有效引导算力产业的投资方向，实施大公司、大集团战略，打造算力产业、人工智能等数字经济产业集聚区，认定一批人工智能产业领域的

市级产业地标。建立区域性综合服务平台，提供研发设计、数据训练、算力共享、概念验证、中试应用、科技金融等综合创新服务。

3. 推动企业主体发展壮大

加快培育数字经济龙头企业的步伐，既可依托本土优势产业培育，诸如化工、新能源、工业互联网领域，推进链主企业项目引育，积极争取其硬件制造、软件研发、开源大模型、生态创新中心、场景应用等在宜昌陆续落地，也可吸引国内有意向的数字经济企业落户宜昌。在培育本土企业方面，宜昌尚未有地区形成品牌效应，因此对于新生领域行业，应放宽监管标准和行业规范，给予房租、人才、税费政策补贴，打造有权威的独角兽企业和平台型企业，发挥头部平台乘数效应和规模效应，更好地利用龙头辐射带动作用，牵引有业务往来的企业服务商、供应商等，借助地理集中优势布局高层次产业集群。

4. 持续推动产业数字化转型

利用好产业数字化转型的契机，注重运用省内、市内教育资源，联合有合作意向的高校组建数字经济研究院，针对核心技术构建产业化创新平台、经济数字化应用平台和技术应用创新中心等一批高水平科研机构，以数字经济研究、创新、应用为导向，对前沿专业型、技术型、应用型人才加强培养，并立足宜昌产业基础，对宜昌原有优势传统产业按照数字化的方式进行流程再造，做大做优做强工业互联网平台，建立更多市级智能工厂，推动工业各环节的数字化应用形成工业大脑，支持全市有发展潜力的大中小企业数字化改造专项行动，促进全产业链协同转型，构建现代化产业体系。

（三）聚焦服务保障，加强政策、人才、资金等扶持，促进数字经济蓄力发展

1. 推动大型数据资源与数字技术服务平台构建

推动政府提高公共数据的开放与开发利用程度，探索开展企业、个人数据采购，推动相关数据产品和模型的社会化开发利用，缓解数字经济数据缺失问题，完善"揭榜挂帅"等产学研协同攻关机制，统筹布局建设若干高水平创新研发平台、公共技术平台、公共检测服务平台、成果转化平台等。

2. 推进高端人才引进和培养

支持高校、企业、科研机构围绕数字经济技术研究和产业运用等领域开展人才培养，加强先进算力、大人工智能等方面的高端人才引进力度，通过人才柔性

引进或者重大场景应用技术咨询等方式，提供具有一定竞争力的事业发展机会。以企业和项目为载体引进数字人才，完善多渠道、多形式的人才引进方案，实行"一事一议、一人一档"，量身制定支持政策，落实人才安居、子女就学、家庭医疗等优惠政策，加强人才配套服务建设，优化产业发展环境与生活居住环境，形成数字人才集聚效应。完善人才激励机制，完善科技人员股权和分红激励办法。

3.加强金融支撑保障

发挥政府投资引导基金作用，探索建立数字经济产业投资基金，加大市级平台基金对先进算力、人工智能等相关数字经济产业项目投资力度，着力构建政府引导、社会参与、多元支撑、多段接力的新型投融资环境。加强数字经济建设资金监督管理和绩效评价，确保资金使用安全高效。认真落实高新技术企业、软件企业、创投企业税收优惠政策及研发费用加计扣除、股权激励、科技成果转化等各项税收优惠政策。

（作者单位：三峡大学马克思主义学院）

点 评

文章总结了宜昌市数字经济发展现状，系统分析了宜昌发展数字经济所面临的突出难题和核心挑战，并从多个方面提出破解宜昌发展数字经济困境的对策建议，为加快建设长江大保护典范城市、打造世界级宜昌汇聚数字动能。

关于宜昌转变政府职能优化营商环境的建议

游昭妮　陈　垚　李方芳　邹菲雅

营商环境是市场主体赖以生存的土壤，更是衡量地区综合实力和竞争力的重要标尺。近年来，宜昌始终将营商环境作为"一号工程"来抓，以硬举措托底软实力，政务环境、市场环境、法治环境大幅改善，取得了阶段性成效。"信易贷"等多项改革成果获得国家、省级层面肯定，先行区创建数量蝉联全省第一，在全省营商环境评价中稳居前列，并被表彰为省级优化营商环境综合示范区。对标全国标杆城市，宜昌优化营商环境仍面临诸多现实挑战，建议将转变政府职能作为重要抓手，以营商环境之优促宜昌高质量发展之进。

一、宜昌优化营商环境面临的现实挑战

（一）职能关系不顺

1. 政府内部协同配合不佳。一是力难合。部门间缺乏有效衔接机制，易出现重复到访企业或服务真空现象，并未完全做到"无事不扰、有呼必应"。二是数不通。部分垂管单位数据同基层数据交换不充分，跨区域信息集成与互认不够，数据核对整合工作量烦冗，导致存数、取数、用数难。

2. 政府与市场链接不够。部分公职人员习惯于服务重点企业、重点项目，对占据经济"五六七八九"份额的中小微企业关注不够。个体工商户、私营企业经营者的诉求呈"杂、细、散、多"的特点，政府与该类市场主体之间的信息交换不充分，缺乏常态化的沟通处理反馈机制。

（二）特色创新不够

1. 品牌特色优势不明显。地区综合性品牌是营商环境的主要加分项。宜昌"六多合一"品牌优势随着各地追逐逐步减弱，亟须再次塑造凸显宜昌特色独一无二的地区品牌。

2. 创新思维不足。优化营商环境举措存在路径依赖，多为自上而下被动式改革，且大部分停留在减材料、优流程上，提出的概念多，实际操作办法少，改革

同质化和"内卷"倾向明显。区域不平衡，山区五县相较于东部三市和城区，改革创新成果明显偏少。

（三）制度保障不足

1. 涉企法治保障有待强化。宜昌优化营商环境的制度依据主要为规范性文件或政策，缺乏相应的地方性法规支持。部分具体事项的法律效力问题有待解决，比如"一业一证"跨区域认可度低、包容审慎监管制度规范不明确等。部分领域政务诚信问题仍不同程度存在。

2. 涉企政策安排存在短板。部分涉企政策制定前期论证调研不足，或时效性、精准性不强，或政策之间存在交叉或对冲关系，或部分不合时宜的政策并未及时调整或终止。部分政策解读模糊晦涩，部分政策执行不够规范，政策落地成效大打折扣。

二、宜昌转变政府职能优化营商环境的路径选择

（一）构建多元主体协同治理模式

1. 实现政府内部系统集成。一是厘清部门权责关系。全面梳理各级政府和部门的权责清单，重点整改职能交叉、权责不匹配部分。对全市优化营商环境重点任务清单进行关联性研究，确保改革事项的闭环和全链条管理。二是建立部门合作机制。以涉企高频事项"一事联办"为基点，建立常态化信息双向推送机制、重大问题协商机制、联席会议制度，整合原有分割职能，按照统一标准进行业务流程再造。三是微调行政组织架构。选定部分有条件的特殊区域作为试点，抽调职能部门精干力量，打造区域统一市场主体专业服务团队，结合"双千活动"为市场主体提供全方位服务。

2. 加快构建数字营商场景。一是建设市场主体数据库。依托城市大脑，统一元数据标准，汇集全市存量市场主体基础数据。再按先急后缓、分步推进原则，优先列出涉企高频事项场景清单和数据归集清单，有序推进跨区域、跨部门、跨平台数据的共享与互认。二是设计数字营商功能。优化鄂汇办宜昌专区设置，借鉴"浙里营商"数字化平台建设经验，专设营商板块，上线"我要办事、我要服务、我要政策、我要咨询、我要投诉"等功能，为市场主体提供一站式数字服务。三是配备市场主体专属管家。按照行业分类为市场主体配给线上"数字管家"和线下"首席服务官"。线上管家通过数据平台关注市场主体全生命周期，通过标签分类和精准画像推送信息，推动更多政策"免申即享"，提供风险预警研判和

决策支撑。线下管家主要提供技能培训、咨询以及个性化解决方案。

3. 引导市场共建共治共享。一是强化政府与市场主体的联系纽带。加强政企直通车建设，创新运用"政企早餐会""茶叙会"形式，拉近政企距离。针对个体工商户的特殊情况，建议现存个私协会（中心）以"小个专"党建为抓手强化与该类市场主体的联系。部分未设个私协会（中心）的县市区建议指定联络员通过设立台账、组建群组方式收集个体工商户的诉求建议。二是发挥商协会作用。在城区中小微企业相对集中区域，可复制推广西陵区服务市场主体100%经验，组建"社区蜂巢"或"商圈蜂巢"。在县市区中小微企业相对分散区域，可在乡镇街道商会基础上，组建地域产业特色协会，协会作用方式可参考长阳腊制品行业专业分会经验，以商协会的规范倒逼市场主体自律，并实现市场主体抱团发展。

（二）多措并举创新创优宜昌品牌

1. 打造宜昌特色品牌。一是创优新品牌。锚定宜昌最具优势的政务服务指标，扩大"宜接就办"品牌影响力，深化"集约办、集成办、容缺办、智慧办、精准办"宜昌模式创建，融入三峡大坝、屈原文化、昭君文化等宜昌特色元素，与宜昌城市品牌和文旅IP一脉相承，精心设计和包装宜昌政务新品牌。二是提升品牌曝光度。在"白龙岗纪事"经观专栏下设营商环境品牌系列报道，主要挖掘企业规模不大、代表性强、接地气的品牌案例和故事。在各县市区复制推广当阳"聚阳轩正能量工作室"创建经验，参考甘孜文旅局局长刘洪、黄冈乡村第一书记谷哥的宣传视频，打造一支宜昌营商品牌专属的新媒体宣传队伍。三是提档升级已有品牌。推动"六多合一"改革和各县市区特色相互融合，以基层小切口的创新和突破打造"六多合一"2.0版本，同时将纳税等优势指标作为储备品牌提前谋划部署。

2. 提升创新能力。一是寻求创新突破口。常态化开展局长驻窗、"换岗体验"活动，把办公室搬到工地上、搬到企业里，换位思考找准企业"痛""难""烦"点。鼓励和深度参与新业态发展，在大胆闯和大胆试中找准大胆改的切入口。二是深化对外交流。选派精干力量赴杭州、深圳、长沙等地开展为期不少于三个月的交流学习，创造性学习和应用各地实践经验。邀请知名营商环境专家学者赴宜开展专题培训。三是加强区域比学赶超。组建由政府工作人员、市场主体代表、智库等构成的研究团队，对比研判各区域情况并绘制全市优化营商环境路线图，再分成若干小组集中攻坚短板弱势指标，实现区域错位发展。采用定期交叉任职、结对帮扶、技能比武等形式，激发"后进"区域的责任感和创新意识。

（三）善用治理工具健全制度保障

1.完善法治供给。一是加快地方立法进程。在2023年市人大法治化营商环境调研的基础上，广泛征询市场主体、行业协会、科研院所、第三方评价咨询机构等单位的意见，对照《优化营商环境条例》《湖北优化营商环境条例》，梳理现有规范性文件和政策，准确及时将营商环境列入立法计划并启动立法程序。部分具体事项的法律效力问题交由专业法律人士进行研究，充分论证后考虑是否纳入立法范畴。二是强化监督执纪。学习宁波设立营商环境投诉监督中心的经验，在现有"1+5+N"投诉联动机制上进行升级改造，统筹监督职能。广泛招募宜昌优化营商环境观察员，通过暗访、调查问卷、个别访谈等形式征集营商环境问题线索，重点关注新官不理旧账、"玻璃门"、执法不规范等市场主体反映强烈的问题，抓好正反两方面典型。

2.优化政策体系。一是健全企业家参与涉企政策制定机制。政府部门出台涉企政策，除依法需要保密和重要敏感事项外，都应征求行业协会、企业家代表意见，并将落实情况纳入考核内容中。政策设计应遵循前瞻性、针对性和有效性原则，政策条件不宜门槛过高、程序过繁。二是保证政策的前后左右协同。充分论证涉企政策的合法性和合理性，及时对不合理的政策安排进行修改或中止，保证政策的连续性和一致性。政策执行应分类精准施策，避免"一刀切"式执行。三是优化政策宣传方式。明确一个部门牵头，对照《宜昌市惠企政策汇编》，对现行有效的涉企政策进行整理，择取市场主体最关注的政策进行解读。在宜昌发布的公众号、抖音平台开辟政策解读专栏，将政策的核心要素通过短视频、微动漫、你问我答等形式呈现出来。部分政策可通过上门宣传、培训交流的形式传递。

（作者单位：中共宜昌市委党校）

点评

文章系统总结了宜昌优化营商环境中政府职能转变面临的困境，并尝试提出优化营商环境中宜昌政府职能转变的路径，指出以构建多元主体协同治理模式、多措并举创新创优宜昌品牌、善用治理工具健全制度保障等方式，推动政府职能的深刻转变，为营商环境的改善提供坚实保障。

宜昌优化政府采购营商环境探析

宜昌市财政局

根据《省财政厅关于进一步深化推进政府采购制度改革统筹开展政府采购领域试点工作的通知》（鄂财函〔2022〕52号）要求，宜昌市以优化政府采购营商环境改革试点为指引，以建立综合服务全市战略重点工作新机制为契机，以战略谋划引领战术执行，发挥财政改革对营商环境的助力作用，进而发挥优化营商环境对高质量发展的牵引作用。

一、精心谋划，以"政府有为"促"市场有效"

（一）高位推进，资源聚集"好风凭借力"

市财政局党组主导建立综合服务全市重点战略工作新机制，划分战区作战，将政府采购列为七大战区之一，重构财政人力资源，优化机构设置，党组书记负总责，党组成员按照分工常态化总协调，采购科对优化营商环境事项首席负责，相关科室全面协同作战，综合科室全方位战略支援，强力执行，严格考核。市财政局、市公共资源交易中心共同成立优化政府采购营商环境领导小组，市财政局党组书记任组长，市财政局和市公共资源交易中心分管副局长任副组长，建立定期会商、定期报告、定期督办机制，共同商讨重大问题，研究部署重点工作，各司其职、统分结合、协同推进。局党组不仅多次研究部署改革试点工作，还以极大的魄力，在人力资源紧缺的情况下，为采购科配备5名工作人员，平均年龄34岁，硕士及以上学历占60%。

（二）搭建体系，勾画蓝图"花明路不迷"

出台三大行动方案——《宜昌市财政局营商环境战区作战方案》《宜昌市政府采购营商环境能级提升改革创新试点方案》《宜昌市优化政府采购营商环境专项行动方案》。从不同维度、不同层次，构建完整的政府采购改革体系。

二、精准施策，既"落实落地"，又"落细落深"

（一）深化"放管服"，降本增效让企业"雪尽马蹄轻"

1. 全过程零收费，企业参与"零负担"。全面取消政府采购项目投标保证金、履约保证金，政府采购货物和服务项目免收质量保证金。2022年，为987个政府采购工程减免投标保证金27.63亿元，减免履约保证金12.43亿元。

2. 全流程电子化，交易各方"零跑腿"。搭建在线签订合同系统、分散采购全流程电子化系统、预算一体化政府采购系统、公共资源交易电子监督平台，供应商不仅可以免费获取采购文件，还实现远程异地评标、专家远程评审、在线签订合同等功能。政府采购全流程网上办理，交易各方"零跑腿"。

3. 全方位信用+，企业投标"零材料"。实施"信用+政府采购"，供应商书面承诺符合政府采购活动的资格条件且没有税收缴纳、社会保险等方面失信记录的，即可参加政府采购活动，不再要求提供证明材料。2022年，供应商在3090个政府采购项目，27810次投标中以承诺代替证明材料参与投标活动，减少证明材料22.25万份。

4. 全领域"一网通投"，一照通办"零障碍"。为减免供应商CA锁费用，宜昌市在政府采购、招投标领域全面推广电子营业执照"一网通投"。市场主体、非市场主体均可免费申领电子营业执照，实现扫码登录、数据复用、身份认证、电子签章、文件加解密等功能，全业务流程"一照通办"。

（二）发挥政策功能，服务实体助企业"海阔凭鱼跃"

1. 政府采购支持绿色建材。宜昌市被列入政府采购支持绿色建材政策实施范围后，市财政局会同市住建局、市经信局先后召开3次会议，成立市级领导小组，工作方案3次征集14家相关单位意见，并经市政府批准后印发实施。目前，各项工作正按方案要求稳步推进。

2. 政府采购支持乡村振兴。督促2097家预算单位按照不低于15%的比例预留食堂食材采购份额，在"832平台"采购脱贫地区农副产品。安排专人定期汇总和更新政府采购脱贫地区农副产品数据，并对预留份额较大或支出进度较慢的单位进行"一对一"督导，发挥政府采购助力乡村振兴工作的政策效能。在宜昌市政府采购网上商城搭建"乡村振兴馆"（全省仅两家），归集优质乡村振兴平台，设计具有特色元素的主题访问页面。目前，入驻供应商15家，上架植物油、谷物、饮用水、茶叶、茶器等 5 个品目 95 种商品，目前已经正式运营并发生交易订单。

3. 政府采购支持中小企业发展。出台《关于进一步落实政府采购促进中小企业发展政策的通知》（宜市财采发〔2022〕2 号）《关于落实稳住经济一揽子政策进一步加大政府采购支持中小企业力度的通知》（宜市财采发〔2022〕5 号）《关于印发落实政府采购促进中小企业发展工作方案的通知》。明确政府采购限额标准以上，200 万元以下的货物和服务采购项目、400 万元以下的工程采购项目，适宜由中小企业提供的，应当专门面向中小企业采购；超过 200 万元的货物服务采购项目、超过 400 万元的工程采购项目，适宜由中小企业提供的，预留该部分采购项目预算总额的 50% 以上专门面向中小企业采购，其中预留给小微企业的比例不低于 60%，具体预留方式在政府采购文件及公告中列示。

出台《关于宜昌市政府采购网上商城启用专门面向中小企业采购功能的通知》，实行专门面向中小企业采购功能，为采购人在网上商城开展面向中小企业采购，落实政府采购政策提供平台支撑。市本级已为 914 家入驻供应商加挂中小企业标识，中小企业成交订单 1396 个，成交金额 10075.89 万元。

4. 政府采购合同融资。依托宜昌市政府采购合同融资平台，形成政府采购中标信息、合同备案信息等要素汇集平台，优化整合财政监管、金融机构查询、预算单位协助功能。完善供应商获取信息、金融机构索取信息两条线，从意向公开、招标公告发布到开标时间，再到中标信息发布，进行实时追踪。将中标数量、中标金额、完成融资数量、融资合同额等数据进行量化比对，对政府采购全流程、各环节实现精准查询。畅通金融机构获取供应商融资需求渠道，依托平台，线上完善中标信息、合同备案信息、供应商历史中标信息等要素，提高供应商融资授信额度。

三、精细监管，既"无事不扰"，又"无处不在"

1. 实现政府采购全过程绩效管理。出台《宜昌市政府采购绩效管理办法》，从事前绩效评估、绩效目标管理、绩效监控、绩效评价和结果运用等维度明确政府采购绩效管理要求。目前，宜昌市已经在 294 家预算单位全面开展了政府采购绩效管理，市财政局指导市直各预算单位在绩效管理中设置三级政府采购类指标，包含政府采购预算执行率、内部控制、信息公开、合同签订公示及备案、项目履约验收、合同资金支付等。将政府采购纳入预算单位绩效评价报告，汇总各预算单位政府采购绩效评价报告形成全市政府采购绩效年报，预算单位绩效评价结果直接与预算控制数挂钩。

2.实现政府采购全流程智慧监管。搭建公共资源交易电子监督平台，宜昌市公共资源电子交易平台自动将项目信息推送到监督平台，财政部门通过登录平台即可实现政府采购流程监管、投诉在线处理、视音频监控查看、交易监管数据查询统计、电子监察（包括异常情况自动预警）、信用档案归集、专家在线培训和考评管理、后台管理等在线监管功能。在政府采购关键环节设置了风险监测点。

3.实现中小企业诚信闭环管理。出台《宜昌市市级政府采购网上商城行为量化记录管理暂行办法》，制定11类27条供应商行为量化记分标准。配套上线政府采购网上商城行为量化积分管理系统，实现自动记分评级。信用信息公开透明，采购人可随时查询供应商量化积分和评价等级，为采购人优选供应商提供有力的依据。积分管理系统对良好行为进行激励加分，对不良行为进行惩戒扣分，并根据供应商违法违规行为情节轻重，将失信行为分为严重失信行为和一般失信行为两类，对扰乱政府采购秩序但不够处罚的行为进行归纳细分，采用诚信档案管理的办法加以约束，营造公共资源交易"褒扬诚信、惩戒失信"的市场氛围。

4.实施政府采购全方位信用管理。出台《政府采购供应商信用管理办法》（宜市财采发〔2022〕10号）《预算单位政府采购内部控制示范文本》。对供应商建立负面清单、对代理机构实施"驾照式"打分管理、对采购人和监管部门建立完善的内部控制系统。此外，宜昌市还在全国率先推出"招信码"，运用招标代理机构差错行为公示结果，以二维码形式对进场代理机构执业人员身份信息及服务情况进行展示。协议供货和定点服务入围供应商，在签订年度协议供货框架协议或年度定点服务框架协议时，同时签订"信用承诺书"。其他参与政府采购活动的供应商自愿签订"信用承诺书"。将信用承诺纳入政府采购供应商信用记录，作为对供应商事中事后监管、实施信用分类监管的重要依据。

四、精益服务，既"有呼必应"，又"应必有果"

（一）搭建有问必答的"采小知"政府采购AI知识库

运用城市大脑数字底座AI功能，搭建政府采购知识库平台"采小知"。全面梳理政府采购领域可采用数字化方式呈现的政策和业务内容，分类整理出政府采购项目运行中涉及的高频咨询问题246个，按照类别、层级进行分类、归并、整理，形成结构化、规范化、标准化的知识库。

（二）搭建无微不至的"采小助"政府采购助理团队

为打造服务型政府，宜昌市搭建"1+2+N"政府采购助理服务体系，为采购人、供应商分别配备政府采购助理"采小助"，为"采小助"配备专家咨询团队。建立包含9名市财政局政府采购科专家、市政府采购中心专家的采购人助理团队，包含4名政府采购专家的专家后援咨询团队，包含294家市直预算单位389个政府采购专管员、市财政局22名部门预算专管员的供应商助理团队。

（三）搭建有令必行的"采小策"政府采购政策体系

全面梳理排查市级层面政府采购制度，建立"制度清单"。从规范政府采购流程、发挥政府采购政策功能、政府采购监督管理、政府采购绩效评价等方面，梳理出需要整合更新、查漏补缺的采购政策修订清单。重点围绕体制机制、执行操作、基础管理、监督裁决等，开展全面、深入、广泛的政府采购制度体系重构。已经出台政府采购规程、履约验收宜昌地方标准、政府采购规范文本等32项，形成上下衔接、左右配套的完备的政府采购制度体系，采用清单的形式集中统一发布。

（四）搭建无所不及的"采小宣"政府采购宣传体系

不断优化政府采购"采小宣"宣传方式，拓展"采小宣"推广渠道，借助政府采购电子化交易平台、政府门户网站、报纸杂志等具有公信力的新闻媒体、微信公众号，积极主动向社会公众宣传宜昌市政府采购惠企政策。目前，宜昌市持续推进政府采购营商环境改革的系列举措和成绩，引起央视频移动网、《中国财经报》《政府采购信息报》《湖北日报》《三峡日报》等中省和地方权威媒体的密切关注，进行相关报道121篇，其中省级及以上媒体宣传48篇。

（五）搭建有偏必纠的"采小评"营商环境动态优化体系

"采小评"通过与城市大脑对接、打破数据和系统壁垒、营商环境指标标准建设、政府采购交易数据采集分析、诚信体系监管数据整合集成等，及时发现并纠正营商环境改革中存在的体制机制障碍，建立具有宜昌特色的政府采购营商环境动态评价优化体系。

五、相关建议

（一）优化第三方中介机构营商环境评价体系

营商环境评价指标具有导向作用，稳定可预期、科学合理的评价指标直接指导各级部门改革重点和工作方向。建议省财政厅指导和督促第三方中介机构加强指标设置的科学性、可行性、客观性、一致性，在指标设计阶段，提请省财政厅加强对考核指标的复核把关；在考核评价阶段，积极听取省财政厅的意见和建议，及时矫正偏差；在打分排名阶段，增加省财政厅的打分权重。

（二）加强对各地采购工作的督促和指导

各地竞争已进入白热化阶段，正积极寻求创新突破、弯道超车，建议省财政厅加强对各地创建先行区、国家和省级试点的指导和支持，营造敢于先行先试的良好氛围。指导各地找准赛道、有序竞争。同时，加强对各地的调研和培训，组织经验交流，指导各地对标对表，创新突破。

（三）加快搭建全省统一的政府采购数据交换平台

2016年宜昌市上线公共资源电子交易平台，目前，宜昌市正在整合更新2.0系统，以进一步完善系统功能，加强智慧监管。建议省财政厅统一制定全省政府采购数据标准和建设规范，搭建全省统一的政府采购数据交换平台，指导各地完善和更新现有系统，尽快建成"全省一张网"。

点 评

文章从多个方面系统总结了宜昌市财政局在优化政府采购营商环境改革试点过程中的有效做法和先进经验，提出了宜昌市优化政府采购营商环境的相关建议，旨在发挥财政改革对营商环境的助力作用，推动宜昌高质量发展。

他山之石

加快发展陆港枢纽经济 打造物流发展高地

汪 鸣

现代物流业已成为一个依托供应链、嵌入产业链、提升价值链，畅通赋能经济循环的重要战略性、基础性、先导性产业，内陆地区建设陆港物流枢纽，对聚集物流资源，实现物流业规模发展和营造制造业、流通业发展环境具有重要意义。

陆港型国家物流枢纽建设的目标是打造和融入国家"通道＋枢纽＋网络"运行系统，加快陆港承载城市物流业高质量、大规模、平台化发展，将物流业培育成为物流产业增长极和物流服务组织中枢，即内陆物流发展高地。

成为物流发展高地，意味着枢纽承载城市物流产业将具有极高的经济价值，主要体现在两大方面：一是物流增加值的外溢，即服务更大区域形成增量物流；二是物流服务网络价值外溢，即强大的辐射网络支持匹配产业布局发展并形成庞大增量产业。

物流发展高地产业体系架构应遵循现代产业运行组织规模和产业布局发展规律，把握新阶段融入和服务经济循环的产业发展机遇，通过物流功能再造，将陆港承载城市打造成为国际国内物流组织中枢。

打造陆港型物流发展高地应成为陆港承载城市发展现代物流的核心战略，发展的基本路径：一是争取政策支持，壮大国内国际两个层面的双向辐射物流网络，培育发展物流枢纽经济；二是加快物流与制造、现代流通融合发展，培育制造产业集群和建设国家现代流通支点。

一、我国物流发展面临的新形势、新要求

（一）加快培育服务中国式现代化的现代物流产业

党的二十大指出，从现在起，中国共产党的中心任务就是团结带领全国各族人民全面建成社会主义现代化强国、实现第二个百年奋斗目标，以中国式现代化全面推进中华民族伟大复兴。

实现高质量发展是中国式现代化的本质要求之一。要坚持以推动高质量发展为主题，把实施扩大内需战略同深化供给侧结构性改革有机结合起来，增强国内大循环内生动力和可靠性，提升国际循环质量和水平，加快建设现代化经济体系，着力提高全要素生产率，着力提升产业链供应链韧性和安全水平，着力推进城乡融合和区域协调发展，推动经济实现质的有效提升和量的合理增长。

在中国式现代化建设进程中，我国强大的内需市场和世界级的开放发展，对产业链供应链生态体系建设提出了全新的更高要求，必须从构建新发展格局、提升产业运行质量与效率、确保经济产业发展安全和推进城乡融合和区域协调发展层面，积极构建适应产业链供应链新生态建设的现代物流体系，推动现代化经济体系建设。

（二）加快物流高质量发展

进入"十四五"时期，物流发展要更好地服务"制造强国战略、服务业繁荣发展、畅通国内循环、建设数字中国、实施乡村振兴、新型城镇化"等新发展要求和任务，必须加快物流高质量发展。

物流高质量发展总体聚焦于网络运输、多式联运、物流网络、服务系统、冷链物流、农村物流、智慧物流等。物流的系统性和综合性发展，决定了要加快物流转型升级提质增效，提高物流服务与需求之间的适配性，加快打造国内国际物流服务组织中心，提高物流对经济产业运行的融合性。

产业链供应链协同基础上的规模扩张，是现代产业遵循市场、原材料、成本法则基础上的发展新基本模式。从产业布局与运行层面，现代物流服务组织能力与效率，已经成为区域、城市经济发展的第一生产力，发展现代物流已经不再是单纯的服务业发展或营造环境的问题，而是区域、城市经济扩张发展模式创新和竞争手段变革的问题。

（三）更好服务新发展格局

立足新发展阶段、贯彻新发展理念、构建新发展格局、推动高质量发展，要求物流服务产业链供应链，构建现代物流服务体系。

经济与产业运行方式变革，现代流通体系建设，对物流组织模式变革提出了新要求：加快构建以国内大循环为主体、国内国际双循环相互促进的新发展格局，促进更深层次改革、更高水平开放和更大力度质量创新，大力打通生产、分配、流通、消费等国民经济循环中的堵点和梗阻，把握主攻方向和着力点，推动形成新发展格局，实现经济产业在国内、国际两个层面循环运行，包括国民经济活动的大循环、实体经济和金融协调发展的大循环、国内地域空间范围内的大循环，将带来经济产业运行方式的重大变革和空间重构。要求国内生产和国际生产、内需和外需、引进外资和对外投资等协调发展，国际收支基本平衡，形成相得益彰、相辅相成、取长补短的发展关系。物流服务必须从被动服务向主动融入、模式生态构建变革。

（四）区域经济发展和产业布局调整

当今世界正经历百年未有之大变局。在经济全球化发展新形势下提出大循环、双循环，体现了后疫情时代国际经济格局和产业链、供应链运行方式的加快改变，更体现着中国进入新发展阶段后需求规模、产业空间布局调整与全新的发展模式。

（五）物流网络新结构

我国区域之间物流的不平衡，一直是降低物流成本、提高物流效率、发展多式联运的重要需求也是重大障碍。大循环、双循环对物流发展的最大影响，在于规模、质量、效率和网络运行平衡。

长期以来，单纯面向港口的相对单向的物流服务一直很难形成网络规模经济效益，多式联运发展也依然受制于单向、分散和非网络的物流服务，我国长期缺乏物流枢纽的聚集和干支配服务衔接。

在双向物流已经出现规模运作的趋势、展现强大规模前景时，对服务组织方面的堵点和通道归并干线运输流量方面的断点，必须尽快加以克服。

（六）物流产业重点发展方向

网络化智能化物流基础设施体系——重点是智能化高端仓、区域分拨中心、城市配送中心，而且是网络化运行的基础新设施系统；战略性物流枢纽设施——国家物流枢纽网络，需要按照智能多式联运生态进行通道与节点的网络布局，需要进行国家物流枢纽的类型选择和组网；引领性和控制性物流产业生态系统——以智能物流设施系统和战略性物流枢纽节点为依托，培育具有网络化、规模化服务组织和嵌入能力的物流服务产生新生态，抢占未来产业发展的制高点；特色农产品上行物流系统——将农产品上行物流系统有效嵌入上述战略系统，以14亿人口的现代化消费为支撑，构建具有强大增值能力的农产品消费物流系统。

二、物流产业发展生态与模式创新

（一）要把握好物流组织模式创新方向

一是把握物流产业向物流枢纽、枢纽城市聚集。首先是电商网购与快递的节点聚集。其次是物流园区、运输枢纽、多式联运中心等物流资源集聚场所和平台发展迅速，为物流业转型升级和网络化、规模化发展奠定了较为坚实的基础。其三是城市物流发展战略思路的调整，打造区域商贸、物流中心，培育增量物流成为城市重要目标。

二是把握物流产业组织模式创新和网络化布局。国家物流枢纽、物流园区、区域分拨中心、物流配送中心、多式联运枢纽等基础设施布局建设进入加速期，凸显了区域物流业竞争的新形式，"通道+枢纽+网络+平台"成为规模企业发展的重要战略方向。

三是把握物流服务和网络运作呈现智慧化、多元化、生态化发展机遇。物流业已经形成依靠技术、业态、模式三大创新源泉的智慧化服务创新和运作发展格局，并且依托技术、业态、模式的物流服务集成和资源整合，形成全新的产业生态，不仅企业的服务方式发生了改变，而且企业的运作关系越来越紧密，许多企业的产业生态集成创新，并结合节点的布局，使网络化、规模化物流服务成为在智能基础上可以预期的发展方向和机遇。

（二）如何加快物流组织模式创新？

首先，加快物流与运输市场细分融合创新。构建大循环双循环新发展格局，经济高质量发展正引发物流业规模扩张方式的变革。一是以互联网、大数据、云计算、物联网、人工智能等技术应用和支撑的物流与运输服务，加快网络化、规模化路径创新。二是政府监管理念、手段和方式的变革，将使低水平竞争失去生存基础和市场，物流与运输服务创新在既有快递、零担、铁路班线运输、公路港等平台服务的基础上，将进一步演变成深化的市场细分的竞争，企业必须加快创新发展。三是市场细分将强化分工基础上的具有价值创造能力的合作，信息技术的嵌入，必须提升物流、运输服务分工和合作发展、融合能力。

其次，提升物流与运输一体化服务融合型业态发育成长能力。互联网、移动互联为核心的信息化环境和技术广泛应用，消除了企业之间、物流环节之间的信息"孤岛"和互联互通"瓶颈"约束，信息引导的物流与运输一体化服务成为创新业态的重要载体，多式联运等一体化的服务形态将突破传统的组织方式，在物流与制造、商贸、消费等需求信息引导下，既可以实现信息化下的智能组织，又可以与产业融合运行，产业链、供应链组织形态将发生前所未有的巨大变革，必须尽快提升物流企业服务生态营造能力。

再次，加快国内国际物流循环和一体化融合发展。大循环将营造国内网络均衡的物流环境，双循环将推动国内与国际的有机衔接，网络化和流量流向的均衡，将为干仓支配衔接下以智能仓储、海外仓为组织中枢，干线运输通道化、与通道运输紧密衔接的支线运输，与支线运输紧密对接的城市配送，形成创新的智能多式联运生态提供规模拓展新路。

三、枢纽经济发展特征与方向及未来路径

（一）枢纽经济发展特征

基本发展理念和特征是聚集要素、提升效率，营造制造业、现代流通服务业新规模经济发展环境。

现阶段枢纽经济形态是依托交通枢纽、物流枢纽、产业枢纽等重要资源要素集聚载体，以聚流、引流、驻流和辐射为特征，通过技术变革、制度创新、组织更新，优化城市、区域经济要素的时空配置，重塑产业空间分工体系和供应链服务体系，精准配置交通、物流等基础设施网络，全面提升城市、区域经济运行质量效率。

（二）枢纽经济发展方向

1. 向各类要素融合演进。当前，在经济全球化的大背景下，融合发展成为趋势，人才、信息、资金、技术以及人流、物流各类要素相互交织、相互影响，枢纽已突破单一要素集聚方式，转向多要素融合集聚发展的新阶段，特别是信息流与人流、物流融合带来了枢纽组织功能深刻改变，形成了枢纽经济发展的新路径。

2. 向产业组织中心演进。一是枢纽经济演变过程主要体现在交通、物流枢纽代际更替上。交通枢纽首先考虑不同运输方式的技术经济特征和运输组织要求，强调以"客运零距离换乘、货运无缝化衔接"为原则，集各运输方式于一体的联运型枢纽建设，提升不同运输方式一体衔接水平和换乘换装效率。二是在信息智能等技术不断创新应用的环境下，以实体经济、科技创新、现代金融、人力资源协同发展为方向的现代产业组织体系建设，对交通、物流枢纽提出了新的要求，枢纽不仅是各种运输方式中转的场所，更是资源要素高效流动的载体，牵引带动

经济产业发展的平台。三是交通和物流枢纽发展逐步从强化各种运输方式一体化衔接的自我发展阶段，向着力提升资源配置能力、拓展完善经济组织功能的综合发展阶段转变。

3. 向打造产业集群演进。枢纽经济发展首先依托交通枢纽的区位交通优势，依托枢纽城市的资源禀赋、产业基础、产业发展方向，结合枢纽城市的空间布局、产业布局，聚集满足产业扩张发展所需的资源要素，通过产业生态圈构建，形成供应链支撑下的产业延伸和价值提升，推进产业链上下游企业高度衔接、高效协同发展，促进关联产业在枢纽空间上聚集，形成围绕枢纽的产业集聚区，形成枢纽城市经济增长极。

4. 向多个枢纽协同演进。一是由于交通枢纽具有集聚扩散的天然属性，通过交通枢纽对各类经济要素流的集聚，在具备较强资源集聚优势的大城市率先形成枢纽经济，并不断沿交通通道轴线辐射，促进客货流、资金流、人才流、技术流和信息流、数据流在不同枢纽城市间流动，逐渐形成以沿线城市为支撑的通道经济。二是发展到一定阶段后，城市间将形成密切的经济联系，并按照现代产业链、价值链的发展规律，逐步形成合理的功能分工，推动不同枢纽经济区向功能互补、各具特色方向发展，从而形成依托通道的多枢纽协同发展格局，不断拓展发展新空间。

5. 向枢纽载体发展演进。首先，枢纽经济具有空间扩展性，呈现"点—线—面"的梯次空间拓展效应。发挥枢纽的交通区位优势，吸引资源要素向枢纽集聚，形成枢纽的极化效应，推动枢纽经济规模发展。其次，随着站区经济发展逐步成熟，形成外溢效应，带动关联产业向外发展，逐步形成依托交通枢纽驱动的城市经济发展模式。以交通通道以及信息网络为依托形成贸易走廊和产业走廊，加速区域间的资源要素集聚、转化和扩散，使极化效应产生的规模经济在更大区域范围内表现出来，形成具有功能互补、一体衔接的枢纽城市网络体系。

（三）枢纽经济发展路径

1. 以建设综合交通枢纽为切入点。一是加强以综合交通枢纽为核心的各种运输方式一体衔接，增强高品质、低成本服务供给，提高经济要素时空配置效率。二是拓展枢纽功能和包容性，推动交通枢纽由单一交通功能向多元城市功能拓展和突破，由客、货流单要素向人流、货流、商流、信息流、资金流、数据流等多要素协同集聚转变。三是增强枢纽的开放性，打破区域间、不同运输方式间"一亩三分地"的思想禁锢，将交通枢纽纳入更广阔的范围、更全局的视野统筹规划建设，构建功能合理、高效协同的枢纽网络体系，最大范围和最大深度地发挥交通枢纽对经济要素资源的集聚和辐射作用。

2. 以打造枢纽经济服务平台为抓手。首先，创新枢纽跨界运营模式，推进交通功能与物流、商贸、生产、金融、数据等增值服务协调发展，着力打造集传统贸易、电商物流、生产加工、交易结算、城市服务于一体的现代综合服务平台。其次，充分利用物联网、大数据等新一代信息技术，创新"互联网+"交通枢纽新模式，提升物流信息平台等既有平台功能。再次，鼓励社会化平台建设，推进各类平台数据共享和协调联动，依托实体交通枢纽的信息化智能化运行和信息枢纽的要素集聚，推进线上线下融合联动。

3. 以培育枢纽偏好型产业为核心任务。一是按照圈层布局原则，协同推进重要交通枢纽及其周边区域的综合开发，包括大区域协同开发以及小站点综合开发等。二是依托高品质、低成本、精准匹配的枢纽服务体系建设，以及枢纽物流供应链组织能力提升，推动传统产业转型升级，不断延伸产业链供应链，培育壮大产业集群。三是遵循新一轮科技变革和产业革命方向，积极培育壮大特色新兴产业，创新发展新业态、新模式，培育新型产业集群。

4. 以开发现代枢纽功能区为着力点。一是坚持以人为本，充分考虑区域间、城市内人口流动的客观规律和现实需求，合理布局产业、休闲、娱乐、创新等城市功能空间，更好地服务人的各项经济社会活动。二是强化交通与产业、城市的跨界融合，以交通支撑产业发展，以产业推动城市建设，以城市建设促进产业发展。三是统筹协调好枢纽功能区之间、城市与枢纽功能区之间的关系，培育枢纽经济发展增长极，共同推动城市经济实现转型升级和可持续发展。

（转载自"陆港网"，作者系国家发展改革委综合运输研究所所长）

点 评

文章从物流发展高地内涵与经济产业价值、我国物流发展面临的新形势新要求、物流产业发展生态与模式创新、枢纽经济发展特征与方向及未来路径四个部分进行了分析阐释，对于枢纽经济发展具有重要的启发价值。

沉浸式文旅发展的方向和未来

曾博伟

近几年,"沉浸式"是个热词,而且多与文化旅游联系在一起,成为科技支撑文旅发展的重要内容。不过之前讨论的"沉浸"更多取决于个人,不具备产业上的普遍性。进入新世纪以来,产业层面的沉浸式文旅就开始快速发展,比如印象刘三姐,就用了很多沉浸式的光影技术。但沉浸式文旅真正成为大家热议的话题,其实是最近三年。以下将从沉浸式文旅发展的背景、领域、维度和未来对此问题做一简单阐述。

一、沉浸式文旅发展的背景

第一个背景是技术的进步。技术进步有一个加速迭代的特征。进入新世纪以后,互联网技术蓬勃发展,以 VR、AR 为代表的虚拟现实技术、光影技术、数字技术等让沉浸式文旅成为可能。

第二个背景是成本的约束。疫情三年以来,文旅企业面临巨大的经营压力,这很容易就传导到成本控制上。这就要求在可能的范围内用技术去替代人工服务。

第三个背景是内容的植入。游客希望体验更多的内容,沉浸式项目既可作为增量内容,同时也可以通过新的利用方式盘活存量资源。比如现在许多旅游景区、旅游度假区和城市文旅综合体项目,陈旧的内容需要更新和迭代,要给存量的资源注入增量的内容,靠什么?沉浸式文旅项目就是一个重要的选择。

第四个背景是深度的体验。传统旅游关注自然山水和人文景观,但很多地方基本都是遗迹,"有说法没玩法",很难打动消费者。但如果通过沉浸式文旅技术,就可能在一定程度上还原历史,让人文的东西变得生动起来,给游客带来全方位的体验感受。

第五个背景是人生的脱逸。人通过旅游实现对惯常居住地的脱逸,与此同时,人对现实世界也有脱逸需求,沉浸式文旅为这种"脱逸"的实现创造了条件。从这个意义上说,沉浸式文旅的本质就是要给人营造一个暂时超越现实的全新场景。

第六个背景是政策的促进。国家文化和旅游业"十四五"规划对沉浸式文旅演艺有相应的部署。文化和旅游部出台的数字文化产业高质量发展文件也对沉浸式文旅发展提出了政策方向。如河南的洛阳甚至还专门出台了促进沉浸式文旅产业发展的实施意见,这说明了政府层面对沉浸式文旅的重视。

二、沉浸式文旅发展的领域

沉浸式技术在旅游业吃、住、行、游、购、娱六要素中都有不同程度地应用,大多取得了不错的效果。

一是文化旅游吸引物。现在许多景区都有沉浸式技术的运用,在主题公园类景区中运用得更多。比如环球影城的变形金刚争夺火种源,要排一两个小时才能体验一次,其实就是沉浸式文旅体验项目;华侨城在云南禄丰恐龙谷的"恐龙危机"也是沉浸式文旅体验项目,体验感也不错。在博物馆里也有沉浸式文旅项目的广泛使用,扬州的大运河博物馆,因为沉浸式技术的大量使用,成为网红博物馆;敦煌莫高窟为了减少游客参观对窟中壁画的影响,因此通过沉浸式的虚拟体验来替代游客的文物艺术欣赏需求。在旅游街区也开始大量使用沉浸式技术,比如大连博涛的机甲怪兽,就营造出一个别样的沉浸式场景;而在西安的大唐不夜城、长安十二时辰,通过沉浸式场景的打造让游客实现了到唐朝的穿越之旅。

二是文化旅游娱乐。最典型的是旅游演艺,比如陕旅集团的长恨歌、重庆1949,都有很多让人身临其境的技术,构造出一种情景式的演出场面。而一些行进式的旅游演艺,如武汉的知音号等,也是很典型的沉浸式演出。祥源集团在凤凰古城做的"湘见沱江"沉浸式艺术游船项目,运用投影技术和数字CG动画,将沱江两岸画卷呈现在河道之上,市场反响很好。其他项目如剧本杀,也都是一种沉浸式的体验。

三是旅游餐饮。在这一领域也有很多的沉浸式技术应用,比如,北京世贸天阶有一家海底捞火锅,就加入了场景的变化。日本有一家餐厅,将钓鱼的场景和吃鱼结合起来,给人不一样的感受。未来沉浸式的文化主题餐馆会越来越多。

四是文化旅游主题住宿。一些非酒店品牌开始跨界做酒店,会有文化主题的植入,比如无印良品主题的酒店,将极简主义的文化理念放进去,让消费者在住宿中沉浸式地感受这种文化。再比如迪斯尼有一个星球大战银河星际巡洋舰的主题酒店，就把星球大战这样的一个主题放在这个酒店里面。

五是文化旅游交通。如四川有个火锅巴士将火锅放到了旅游公交巴士上，很受欢迎。旅游的过程需要不断换场景，在这个场景里面我们植入的主题很大程度靠沉浸式技术。

六是文化旅游购物。包括主题化购物、场景式购物。

所以就文化旅游沉浸式技术应用的领域而言，可以说无处不可以沉浸，无时不可以沉浸，无人不可以沉浸。

三、沉浸式文旅发展的维度

一是现代和传统。现在提及沉浸式文旅，谈得较多的是数字化的技术。但我们既可以依靠现代技术重新构造新的场景，也可以用非技术手段提供不同于现实的异质体验。比如，现在有的街区为了营造沉浸式的场景，会要求游人穿古代的一些服装，虽然无涉技术，但也有沉浸式的效果。所以未来我们在做沉浸式文旅行项目的时候，要善于把现代技术和传统技术结合起来，不一定全是技术化。

二是依附和独立。目前沉浸式文旅项目大多是依附现有的文化旅游场景，比如景区、度假区、城市街区而展开的，这时沉浸式项目扮演了一个锦上添花的角色。未来会有一批作为独立吸引物的沉浸式文旅项目产生。比如美国犹他州的 The Void 主题公园，是全球首个 VR 主题公园；德国隆卡利马戏团，是全球首个利用全息投影为观众提供 360 度虚拟体验空间的马戏团；还有我国的无界美术馆等，本身就可以对游客产生很大的吸引力。

三是事业和产业。沉浸式文旅项目有两个实现途径：一种是偏公益性的项目运作方式。比如在博物馆，特别是文化设施中用的一些沉浸式技术，它主要是政府买单的，相较于经济效益，更关注的是文化效益和社会效益的提升。另外一种是沉浸式文旅项目产业化的问题。这里面可能需要创新制度，比如植入沉浸式项目以后，项目方和业主方如何分配利益。现在很多的旅游景区，可以通过和沉浸式项目的供给方形成这种利益分配制度，实现共赢。

四、沉浸式文旅发展的未来

第一是故事化。成功的沉浸式文旅项目不能一味地依赖技术带来的刺激，讲好故事很重要。其实技术不是目的，技术是为了让我们消费者更好地体验，进而被创造者传递的理念和精神所感动。比如华清池的长恨歌,其沉浸式技术是配合故事而展开的,所以能够打动人。

第二是特色化。现在很多投资方看到某个沉浸式文旅项目好,就一窝蜂地去模仿,这是很难有生命力的。因此一定要立足于现实去创新,要通过特色化的东西实现差异化的竞争。

第三是互动化。沉浸式的项目要尽可能实现项目本身和体验者的交互。它不能是高高在上的,应该是更加注重主客共享的互动性,这样才能够更大限度提高游客的体验感。

最后是深入化。沉浸式文旅项目的未来发展方向将与当下很流行的元宇宙联系起来。虽然元宇宙可能还没有这么快来到我们的身边,但它确实可能是一个方向。当然元宇宙的目的不是为了取代现实世界,而是让我们在现实世界里面有更美好的体验。随着元宇宙相关技术的发展,未来游客将能在现实和虚拟之间更自如地穿越,沉浸式文旅也将迎来更光明的发展前景。

(转载自"中国社会科学院旅游研究中心"公众号,作者系中国社会科学院旅游研究中心特约研究员、北京联合大学旅游学院教授)

点 评

文章从沉浸式文旅发展的背景、领域、维度、未来四个方面出发,详细介绍了沉浸式文旅的概念内涵、应用场景等,并为沉浸式文旅的发展方向提出了相关建议,有助于了解沉浸式文旅发展方向和未来。

促进数字经济和实体经济深度融合

黄茂兴

党的二十大报告强调，要"加快发展数字经济，促进数字经济和实体经济深度融合"。2023年政府工作报告提出的一项重点工作是"大力发展数字经济"。作为新的经济形态，数字经济对实体经济发展具有放大、叠加和倍增作用，能够有效提升实体经济的质效水平。促进数字经济和实体经济深度融合发展，加快推进数字产业化和产业数字化，是催生我国实体经济高质量发展新动能的关键举措，也是建设现代化经济体系的重要着力点。

一、推动实体经济改革创新

数字经济是实体经济高质量发展的助推器。做大做强做优实体经济是我国经济稳中向好、长期向好的战略选择。以数字技术为支撑、数据为关键要素的数字经济，正全面融入人类经济、政治、文化、社会、生态文明建设各领域和全过程，成为经济高质量发展的新动能。

一是数字经济是继农业经济、工业经济之后的主要经济形态，以数据资源为关键生产要素，促使实体经济的生产工具从工业技术转向数字技术、智能技术，驱动实体经济与数字技术人才、数字平台、数字基础设施融合，激发了实体企业创新动力和活力。

二是大数据、云计算、区块链、人工智能等数字技术的快速发展和广泛应用，改变了传统生产方式和商业模式，催生了新产业、新业态、新模式，引发了多领域、多层次的变革，不仅为传统实体企业带来新思路，也为实体经济发展拓展新空间，推动实体经济朝着高端化、智能化、绿色化方向发展。

三是数字经济以现代信息网络为主要载体，万物互联不仅可以打破传统商贸往来的时空壁垒，优化实体经济资源配置效率，还可以加速生产、交换、分配、消费各个环节的贯通，提升实体经济运行效率。

实体经济是数字经济高质量发展的落脚点。数字经济以实体经济为依托，坚持把发展经济的着力点放在实体经济上，赋予实体经济发展新领域和新优势，契合了新发展理念各方面的要求，正成为引领我国经济高质量发展的重要力量。一方面，实体经济规模大、产业门类齐全、产业层次多样，为数字经济的发展提供了巨大的市场空间。数字经济以实体经济结构优化和转型升级为内生动力，致力于从产品研发设计到用户体验的全生命周期贯通，不断整合数据、技术等资源，提供各类数字产品和服务，形成新型实体经济，促进实现数字产业化。另一方面，实体经济基本覆盖了人们衣食住行、休闲娱乐、教育养老等各方面需求，为数字技术的渗透提供了丰富的应用场景。数字经济以其高创新性、强渗透性、广覆盖性，快速、全面地融合渗透到实体经济运行的全过程，对实体产业的研发、生产、销售、物流等各个环节进行全方位、全角度、全链条的改造提升，促进实现产业数字化。

二、打造数字化发展新引擎

进入高质量发展新阶段，实体经济动能引擎和需求场景发生明显变化。面向未来，我国应在农业、制造业、服务业等重点领域，加快数字经济赋能实体经济，打造数字经济和实体经济深度融合发展的"中国样板"。

利用数字新技术对传统产业进行全方位、全链条的改造，提高全要素生产率。着力推进制造业数字化转型，深入实施制造业数字化赋能行动与工业互联网创新发展工程，推行普惠性"上云用数赋智"服务，推进智慧供应链网络、智能车间、智能工厂等建设，加快发展智能制造。大力提升农业数字化水平，深入实施"数字农业""智慧林业""智慧海洋""智慧供销"工程，推广普及农业智能化生产、网络化运营模式，加快发展农村电商和农产品冷链物流骨干网，围绕特色优势产业打造一批国家级数字农业创新应用基地。纵深推进服务业数字化转型，健全电子商务公共服务体系，大力发展"互联网+"高效物流新业态，引导传统优势产业与电子商务深度融合。

加快推进数字产业化，提升数字产业价值链。深入实施数字技术创新突破工程，建立产学研协同创新平台，优化创新组织方式和激励机制，突破集成电路、云计算、区块链、物联网、人工智能等领域关键核心技术；培育壮大新兴数字产业，做强做优物联网、5G、大数据、卫星应用等特色优势产业，积极培育发展人工智能、区块链、电竞等潜力产业；推动建设平台经济示范区，打造一批具有国内外竞争力、影响力的生产服务型和生活服务型平台，培育生态环保产业集群；深入实施优质创新企业培育行动，培优扶强数字经济领域龙头企业，做精做优市场主体。

推动数字经济集聚发展，增强产业链上下游协同性。推动数字经济主导产业和新兴产业集聚发展，培育数字产业集群，打造数字技术创新高地；强化创新链整合协同、产业链协调互动和价值链高效衔接，围绕产业链部署技术创新链，聚焦产业集群的技术短板和创新需求，增强产业链关键环节竞争力；推动构建"众创空间—孵化器—加速器—专业科技园区"全链条企业服务体系，发挥龙头企业优势，带动中小企业发展，增强上游技术研发与下游推广应用的协同互动效应。

三、实现高质量融合发展

第一，加强顶层设计，优化数字经济与实体经济深度融合发展环境。进一步完善促进数字经济和实体经济深度融合发展的政策体系，加强财政政策、金融政策、产业政策协同联动，创新数字经济与实体经济深度融合发展的管理方式和手段，逐步放宽融合领域准入条件，建立多元协同治理机制，营造健康有序的融合发展生态。聚焦数字经济与实体经济深度融合发展的关键领域和重要方向，通过健全组织、完善制度、优化供给、创造需求等措施，优化数字经济与实体经济深度融合发展环境。

第二，强化数字基础设施建设，夯实数字经济与实体经济深度融合发展的基础。数字基础设施包括信息基础设施和对物理基础设施的数字化改造两大组成部分。数字基础设施顺应网络化、数字化、智能化的社会发展趋势，对打破空间界限等传统产业发展束缚具有显著优势，是未来经济社会发展的重要平台和条件保障。应充分发挥数字基础设施对实体经济的赋能作用，进一步加大对数字基础设施的支持力度，加强数字新基建顶层设计，推进5G专网规模部署和性能升级，加大传统产业集群数字化转型的算力资源供给，使数字基础设施成为传统产业数字化之源。

第三，深化行业赋能，贯通数字经济与实体经济深度融合发展支撑。传统产业数字化转型是数字经济与实体经济深度融合发展的重要内容。应强化标杆引领，聚焦重点产业集群和传统产业园区数字化转型短板，积极拓展行业应用场景，制定专项计划揭榜挂帅、定点攻关；加强智能制造、工业互联网等试点示范，深化工业互联网在制造行业应用的同时，加快其向交通、农业等领域融合推广，打通数字经济与实体经济深度融合发展的堵点。

第四，加快企业数字化转型，筑牢数字经济与实体经济深度融合发展力量。企业是推动国民经济发展、改善民生的重要力量。应进一步创新企业数字化转型支持举措，推动数字生态链建设，鼓励链主企业开放数据资源，推进全流程数字化，树立企业数字化转型标杆，形成示范效应和带动效应。加强企业数字化管理，消除企业内部"数据孤岛"，形成数字、管理、业务、服务、财务、监督等一体化集成应用管理控制模式；强化企业数字化转型保障，建立企业数字化转型激励约束机制，强化考核激励机制，坚持奖惩并重；推动企业上云、上平台，降低技术和资金壁垒，引导企业加快生产装备数字化升级；加大中小企业数字化改造的技术、人才、资金支持力度，释放数字经济与实体经济深度融合发展的潜能和活力。

第五，加快数字化人才队伍建设，为数字经济与实体经济深度融合发展提供人才保障。数字化人才是数字经济赋能实体经济的核心驱动力。应进一步深化数字化人才"引育留用"体制机制改革，加大数字化人才培育力度；健全高校数字化人才培养体系，鼓励增设数字化相关专业，强化产学研数字化人才协作；加快完善数字化人才职业技能认定、执业资格审查、评价考核制度，健全数字化人才荣誉激励机制，使人才成为数字经济赋能实体经济转型升级的最大增量。

（转载自"中国社会科学网－中国社会科学报"，作者系福建社会科学院副院长、教授）

点 评

文章深入分析了数字经济和实体经济深度融合的重要意义，并从多个方面提出打造数字化发展新引擎、实现高质量融合发展的具体举措，对于促进数字经济和实体经济深度融合发展，加快推进数字产业化和产业数字化提供理论借鉴。